1. Sei vorsichtig, wenn du dieses Liederbuch benutzt!
2. Das Buch gehört dem **Jesus Aktion Club für Kinder** der Stadtmission Offenbach
3. Deswegen soll es immer im JACK-Raum bleiben
4. Lerne viele Lieder aus diesem Buch!

Waldstraße 36; 63065 Offenbach/Main

Altpietistischer Gemeinschaftsverband
Bibellesebund e.V., Marienheide
Born-Verlag
Evang. Gnadauer Gemeinschaftsverband
Kirche des Nazareners
Leuchter Edition
Verlag des Diakonissenmutterhauses Aidlingen
Liebenzeller Mission
Wort des Lebens
Württembergischer Brüderbund

Hänssler Verlag · Holzgerlingen

Hänssler Verlag
ISBN 3-7751-4254-1
Bestell-Nr. 394.254

Born-Verlag
ISBN 3-87092-275-X
Bestell-Nr. 182.275

Die CD zum Liederbuch

Bestell-Nr. 99.955 (Hänssler Verlag)
Bestell-Nr. 184.396 (Born-Verlag)

Grafik: Sven Gerhardt
Notengrafik: Edition 49, Maria Bagger
Druck und Bindung: Ebner & Spiegel, Ulm

Die in dieser Veröffentlichung enthaltenen Werke sind urheberrechtlich / wettbewerbsrechtlich geschützt. Deshalb ist das Fotokopieren und / oder Nachdrucken der Originale sowie das Vervielfältigen von Abschriften (auch der Texte) grundsätzlich nicht erlaubt.

© 2005 Hänssler Verlag, D-71087 Holzgerlingen
Alle Rechte vorbehalten / All rights reserved.
1. Auflage 2005

Hallo zusammen!

„Kinder feiern Jesus" – so heißt dieses Liederbuch als Nachfolgeband von „Meine Lieder – Deine Lieder".

Der Titel sagt auch etwas darüber aus, was für Lieder ihr in diesem Liederbuch findet: Lieder von Jesus und Lieder für Jesus. Lieder, die etwas erzählen von Gottes Liebe. Denn Jesus kam in die Welt, weil Gott uns Menschen lieb hat.

Freut euch an den vielen neuen Liedern – an den fröhlichen wie an den nachdenklichen; an Spiel- und Bibelliedern oder an Songs, die euch Mut machen! Manche Lieder kennt ihr vielleicht schon. Und wenn ihr Lust habt, dann schreibt uns doch mal, was eure Lieblingslieder geworden sind. Wir haben jedenfalls versucht, für euch die schönsten Lieder auszusuchen. Und deshalb wünschen wir euch viel Spaß beim Singen, Spielen oder Tanzen. Vor allem wünschen wir euch große Freude an Jesus selbst.

Euer Redaktionsteam

Anfang · Einstieg · Abschied

1 Jetzt geht's los

Swing

Jetzt geht's los,— schön, dass du da— bist.

Jetzt geht's los,— mach dich be-reit.—

Jetzt geht's los,— wir fei-ern den Kö-nig.

Jetzt ist wie-der »Je-sus-zeit«.—

Wir öff-nen uns-re Her-zen, wir

wolln auf Je-sus sehn.— Wir

Text und Melodie: Matthias Röck
© 2004 Hänssler Verlag, D-71087 Holzgerlingen

2. Und seh ich einen ganz einsam stehen, / den Sorgen plagen tief und schwer, / lad ich ihn ein, mit dem zu gehen, / der alle Sorgen mit uns trägt. / Hier, bei uns, ...

3. Mit Jesus haben wir Grund zur Freude, / er gibt dem Leben einen Sinn. / Und wenn wir sehen, wie einer leidet, / dann sendet er uns zu ihm hin. / Hier, bei uns, ...

Text: Elisabeth Hammer / Melodie: Hans-Gerhard Hammer
© 1996 Hänssler Verlag, D-71087 Holzgerlingen

Einfach spitze, dass du da bist 3

2. Einfach spitze, lass uns stampfen …
3. Einfach spitze, lass uns klatschen …
4. Einfach spitze, lass uns hüpfen …
5. Einfach spitze, lass uns tanzen …

Text und Melodie: Daniel Kallauch
© 1993 cap!-music, D-72213 Altensteig

4. Halli, Hallo

Refrain

Hal-li, Hal-lo, herz-lich will-kom-men! Hal-li, Hal-lo, jetzt geht es los! Hal-li, Hal-lo, herz-lich will-kom-men! Vor-hang auf für Klein und Groß! *Fine*

1. Wir rei-chen un-sern Nach-barn die Hand, viel-leicht ist er so-gar mit dir ver-wandt. Wir hal-ten uns al-le an den Hän-den fest, schön, dass du ge-kom-men bist! *D.C. al Fine*

2. Wir stehen alle auf, hüpfen dabei, / ⁊ machen dann ein lautes Geschrei. / Wir halten uns alle an den Händen fest, / schön, dass du gekommen bist! / Halli, Hallo ...

3. Wir drehen uns jetzt im Kreis herum, / ⁊ komm, mach mit und fall dabei nicht um. / Wir halten uns alle an den Händen fest, / schön, dass du gekommen bist! / Halli, Hallo ...

4. Unserm Nachbarn halten wir die Nase zu / und reden wie ein Mann aus Pompidou. / Wir halten uns alle an der Nase fest, / schön, dass du gekommen bist! / Halli, Hallo ...

Text und Melodie: Daniel Kallauch
© 1994 cap!-music, D-72213 Altensteig

Guten Tag 5

Text und Melodie: Bernd Schlaudt
© beim Autor

Alle sind eingeladen

Text und Melodie: Johannes Matthias Roth
© 2004 Johannes-Music Verlag, D-90530 Wendelstein
www.johannes-music.de

Hey, das ist ein Tag

2. Leute, kommt herein, kommt schnell herein! / Jeder, der dabei sein möchte, soll willkommen sein. / Gott, der Herr, soll die Mitte sein. / Er sieht dich, und darum bist du nicht allein.

3. Und an diesem Tag, der uns gefällt, / ist es Gottes Liebe, die uns fest zusammenhält. / Gott, der Herr, soll die Mitte sein. / Er sieht uns, und darum sind wir nicht allein.

Text: Elisabeth Hammer / Melodie: Hans-Gerhard Hammer
© 2004 Hänssler Verlag, D-71087 Holzgerlingen

8 — Hallo, hallo, hallo

2. Schön ist es, dass es dich gibt, / dass Gott uns beide liebt. (2x) / Hallo, hallo ...

3. Gott dachte sicher an mich, / und darum schuf er dich. (2x) / Hallo, hallo ...

4. Wir sagen allen so gern: / Wir haben **einen** Herrn! (2x) / Hallo, hallo ...

5. Es ist der Herr dieser Welt, / der uns zusammenhält. (2x) / Hallo, hallo ...

Text: Marion Schäl / Melodie: Gilbrecht Schäl
© Gerth Medien Musikverlag, Asslar

Volltreffer

2. ... mit deinen schönen Ohren ... hören ...
3. ... mit deinen krummen Beinen ... laufen ...
4. ... mit deinen beiden Händen ... helfen ...
5. ... mit deiner großen Nase ... riechen ...

Text und Melodie: Daniel Kallauch
© 1997 cap!-music, D-72213 Altensteig

10   1, 2, 3, hier geht es rund

1, 2, 3, hier geht es rund, rund,

komm, mach mit, denn es wird bunt, bunt.

Tan-zen, la-chen und Gott lo - ben, er ist hier und

nicht weit o - ben, sing mit mir Hal-le-lu - ja!

Sing mit mir Hal - le - lu - ja!

1. Wenn du ge - ra - de trau - rig bist:
2. Wenn du ge - ra - de lus - tig bist:
3. Wenn du ge - ra - de mü - de bist:

Text und Melodie: Daniel Kallauch
© 1992 cap!-music, D-72213 Altensteig

11 Jesu ajali awa

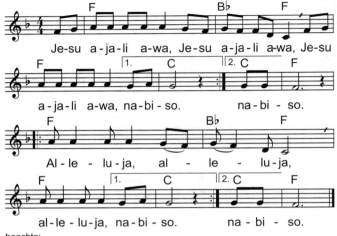

beachte:

a-ja-li sprich "a-zali"
na-bi-so sprich "na-bis-so"
a-wa sprich "au-oa"

deutsch: Jesus ist hier bei uns.

2. Bi-so to-ko-mo-na ye, / bi-so to-ko-mo-na ye, / bi-so to-ko-mo-na ye, na loo-la

deutsch: Wir werden ihn sehen im Himmel.

Wer eine Strophe auf Deutsch singen will:

Jesus Christus, er ist hier, Jesus Christus, er ist hier, / Jesus Christus, er ist hier, hier bei uns. / Halleluja, halleluja, halleluja, / hier bei uns.

Text und Melodie: aus dem Zaire
Deutsch: unbekannt

Goodbye und Tschüss 12

Text: Mike Müllerbauer
Melodie: Mike Müllerbauer, Ralf Conrad
© 2003 cap!-music, D-72213 Altensteig

Lob · Dank · Anbetung

13 Jesus, du bist König

Je-sus, du bist Kö-nig, Kö-nig mei-nes Her-zens. Ich er-he-be dich, ich er-he-be dich he-be dich, ich er-he-be dich über al-les, was ich den-ke, ich er-he-be dich, über al-les, was ich fühl. Ich er-he-be dich über al-les, was ich tu-e.

Wer einen Mund hat
Wer Ohren hat zu hören

14

Text und Melodie: mündlich überliefert

15 Jesus, Jesus, ich verehre dich
Du bist mein Freund

Du bist, du bist, du bist,— du bist mein Freund.

Du bist, du bist, du bist,— du bist mein Freund, (ja!)

Je-sus, Je-sus, ich ver-eh-re dich—

Je-sus, du bist mein bes-ter Freund.—

Du bist stark,— wenn ich schwach bin.

Du bist mein Licht— in dunk-ler Nacht.

Du bist im-mer an mei-ner Sei-te.

Du gibst im-mer auf— mich Acht!

Text und Melodie: Thomas Klein
© 2004 Hänssler Verlag, D-71087 Holzgerlingen
www.kinderlobpreis.de

Groß, größer, am größten bist du

1. Groß, grö - ßer, am größ - ten bist du! Wir prei - sen dich, wir prei - sen dich! Oh, groß, grö - ßer, am größ - ten bist du! Wir lo - ben dei - nen Na - men.

Groß, grö - ßer, am größ - ten bist du! Wir lie - ben dich, wir lie - ben dich. Oh, groß, grö - ßer, am größ - ten bist du für al - le E - wig - keit. A - men.

2. Stark, stärker, am stärksten bist du!

3. Schön, schöner, am schönsten bist du!

4. Groß, stärker, am schönsten bist du!

Text und Melodie: Birgit und Hannes Minichmayr
© 2002 cap!-music, D-72213 Altensteig

17 Herr, dein Name sei erhöht
Lord, I Lift Your Name On High

Text und Melodie: Rick Founds / Deutsch: Karin Geitz
© 1989 Maranatha! Praise
Für D, A, CH: CopyCare Deutschland, D-71087 Holzgerlingen

18 — Gottes große Liebe

Text und Melodie: Daniel Kallauch
© 1996 cap!-music, D-72213 Altensteig

Text (nach Mi 7,18-20) und Melodie: Albert Frey
© 1993 Hänssler Verlag, D-71087 Holzgerlingen für Immanuel Music, Ravensburg
Anfragen bitte an den Hänssler Verlag

21 — Nur deine Liebe

2. Nur deine Liebe, Herr, ist tiefer, tiefer, tiefer als das Meer. / Nur deine Liebe, Herr, ist tiefer, tiefer, tiefer als das Meer, / tiefer als das Meer. Ich freue mich so sehr, / denn tiefer als das Meer ist deine Liebe, Herr. / Weiter, als mein Denken ...

3. Nur deine Liebe, Herr, sie hält mich, hält mich, hält mich überall. / Nur deine Liebe, Herr, sie hält mich, hält mich, hält mich überall, / hält mich überall. Auch wenn ich einmal fall, / was hält mich überall? Nur deine Liebe, Herr. *(Fine)*

Originaltitel: Your Everlasting Love
Text und Melodie: Bill Batstone / Deutsch: Fabian Vogt
© 1993 Maranatha! Praise
Für D,A,CH: CopyCare Deutschland, D-71087 Holzgerlingen

Text (nach Röm 8,15-16; Eph 1,5-6) und Melodie: Ian Smale / Deutsch: Helga Koenig
© 1984 Glorie Music/Kingsway's Thankyou Music,
Für D,A,CH,FL: Gerth Medien Musikverlag, Asslar

Text und Melodie: Thomas Klein
© 2005 Hänssler Verlag, D-71087 Holzgerlingen
www.kinderlobpreis.de

2. Wir tanzen für unsern Gott ... 3. Wir springen für unsern Gott ...
4. Wir flüstern für unsern Gott ... 5. Wir schreien für unsern Gott ...

Text: Mike Müllerbauer / Melodie: Mike Müllerbauer und Ralf Conrad
© 2003 cap!-music, D-72213 Altensteig

26   Mein Gott ist größer

Originaltitel: My Lord Is Higher Than A Mountain
Text und Melodie: Ian Smale / Deutsch: Matthias Wolf
© 1981 Thankyou Music / adm. by Worshiptogether.com songs
excl. UK & Europe, adm. by Kingsway Music
Für D,A,CH,FL: Gerth Medien Musikverlag, Asslar

2. Man kann es singen, laut oder leise, / Gott hat seine Freude dran. / So tut es jeder auf seine Weise, / jeder, so gut er kann. / Halleluja ...

3. Man kann es flüstern, rufen und sprechen, / Gott hört es in jedem Fall. / Wenn wir das Danken bloß nicht vergessen, / klingt es bald überall. / Halleluja ...

Text und Melodie: Hella Heizmann
© 1991 Gerth Medien Musikverlag, Asslar

Sag dir einfach noch »danke« 28

Text und Melodie: Hella Heizmann
© 1996 Felsenfest Musikverlag, D-46485 Wesel

Niemand, niemand, niemand, niemand, niemand ist so gut wie du!

Text und Melodie: Thomas Klein
© 2005 Hänssler Verlag, D-71087 Holzgerlingen
www.kinderlobpreis.de

Von ganzem Herzen 30

Herr, ich möch-te dich von gan-zem Her-zen lie-ben, von gan-zer See - le Lob-lie-der sin-gen. Ja, ich lie-be dich mit al-len Kräf-ten, Herr, und ich will dir Preis und Eh-re brin-gen.

Originaltitel: Vo ganzem Härze
Text und Melodie: Markus Hottiger
© Adonia-Verlag, CH-4805 Brittnau

31 Hast du heute schon danke gesagt

2. Das Brot auf dem Tisch, die Milch in dem Krug / und Kleider, die haben wir genug. Ja! / Hast du heute schon danke gesagt ...

3. Und weißt du auch schon, dass Jesus dich mag, / dass er mit uns geht von Tag zu Tag? Ja! / Hast du heute schon danke gesagt ...

Text und Melodie: Margret Birkenfeld
© 1989 Gerth Medien Musikverlag, Asslar

Alles, was ich kann

32

Al - les, was ich kann,— und al - les, was ich bin,—

— das ver - dan - ke ich dir, Herr— und Gott.—

Du hast mich so

gut ge - macht— und hast ü - ber mich ge - wacht..

— Das ver - dan - ke ich dir, Herr und Gott.—

Originaltitel: Alles, was I ha
Text und Melodie: Markus Hottiger
© Adonia Verlag, CH-4805 Brittnau

Ermutigung · Vertrauen

33   Du bist jeden Tag bei mir
Ich trau dir alles zu

1. Du bist jeden Tag bei mir, du bist da!
Du hältst mich an deiner starken Hand.
Jesus, du stehst fest zu mir.
Keiner hat mich je so gekannt.

Refrain
Jesus, ich trau dir alles zu!

2. Wenn ich wieder mal nicht weiß, was du willst, wenn die Angst in mir mich ratlos macht: Jesus, ich gehör zu dir! Du hältst mich! Das wär doch gelacht! / Jesus, ich trau ...

3. Wenn in meinem Leben nur Chaos herrscht, wenn ich nicht mehr seh, was richtig ist: Jesus, du blickst durch die Zeit, weil du allezeit alles siehst. / Jesus, ich trau ...

Text: Armin Jans / Melodie: Armin Jans, Ingmar Löffler, Benny Nagy
© 2002 Hänssler Verlag, D-71087 Holzgerlingen

34 Kindermutmachlied

Wenn einer sagt

(Refrain) La-la-la - la-la, la-la-la - la-la, la-la-la - la-la-la, la - la-la-la, la-la-la la.

1. Wenn ei-ner sagt: »Ich mag dich, du; ich find dich ehr-lich gut!«, da krieg ich ei-ne Gän-se-haut und auch ein biss-chen Mut.

2. Wenn einer sagt: »Ich brauch dich, du; ich schaff es nicht allein«, / dann kribbelt es in meinem Bauch, ich fühl mich nicht mehr klein. / La-la-la ...

3. Wenn einer sagt: »Komm, geh mit mir; zusammen sind wir was«, / dann werd ich rot, weil ich mich freu, dann macht das Leben Spaß. / La-la-la ...

4. Gott sagt zu dir: »Ich hab dich lieb. Ich wär so gern dein Freund! / Und das, was du allein nicht schaffst, das schaffen wir vereint.« / La-la-la ...

Text und Melodie: Andreas Ebert
© 1979 Hänssler Verlag, D-71087 Holzgerlingen

Text: Marion Schäl / Melodie: Gilbrecht Schäl
© 2000 Gerth Medien Musikverlag, Asslar

Du bist mein Zufluchtsort 37
You Are My Hiding Place

Text und Melodie: Michael Ledner / Deutsch: Gitta Leuschner
© 1981 CCCM Music / Maranatha! Music
Für D,A,CH: CopyCare Deutschland, D-71087 Holzgerlingen

Text: Eckart zur Nieden / Melodie: Carola Rink
© 1998 ERF Verlag, D-58452 Witten

Das ist genial!

2. Ich fühl mich schlecht, mir gehts nicht gut, und niemand ist bei mir. / Ich seh Gott nicht, versteh ihn nicht, und trotzdem ist er hier! / Das ist genial ...

3. Gott liebt mich sehr, er ist mein Freund. Viel Gutes gönnt er mir. / Mein Leben hat er gut gedacht, und immer ist er hier! / Das ist genial ...

Text: Armin Jans / Melodie: Armin Jans, Ingmar Löffler, Benny Nagy
© 2002 Hänssler Verlag, D-71087 Holzgerlingen

40 Vater, danke, dass du da bist

Text und Melodie: Matthias Röck
© 2005 Hänssler Verlag, D-71087 Holzgerlingen

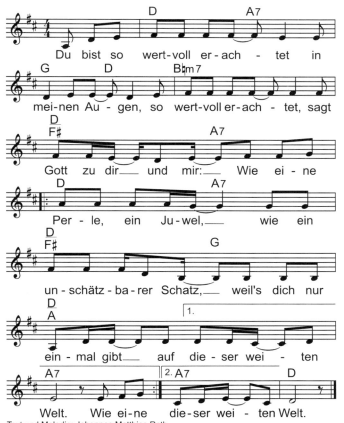

Text und Melodie: Johannes Matthias Roth
© 2002 Johannes-Music Verlag, D-90530 Wendelstein
www.johannes-music.de

2. ⁊ Deine Stärken und deine Schwächen sind dir allein bekannt. / Und doch ist immer jemand bei dir, ⁊ der nimmt dich an die Hand. / Er will dir Mut und Freude geben an jedem neuen Tag, / ⁊ das Leben zu entdecken, weil er uns ⁊ so viel gab. / Einfach genial ....

3. Das Leben ist voll Abenteuer, es geht mal auf und auch mal ab, / ⁊ doch mit Freunden an der Seite ⁊ wird Hilfe niemals knapp. / Bist du enttäuscht oder auch verärgert und hast zu gar nichts Lust: / Erinner' dich, dass du genial bist, dann vergeht dir bald dein Frust. / Einfach genial ....

Text und Melodie: Johannes Matthias Roth
© 2002 Johannes-Music Verlag, D-90530 Wendelstein
www.johannes-music.de

2. »Tu, was dir Spaß macht, lass das andre«, / ist das Thema der Zeit. / Helfen und Handeln, Trösten, Begleiten, / sei doch zum Dienen bereit! / Nur Mut! ...

3. Lies in der Bibel: Gottes Leute / standen oft ganz allein. / Jedem hat Gott besonders geholfen – / dann wirds bei dir auch so sein! / Nur Mut! ...

4. Staune, entdecke: viele Christen / sind wie du mit dabei. / Such einen andern, stärkt euch den Rücken, / pfeift auf die Gleichmacherei! / Nur Mut! ...

Text und Melodie: Annegret Sarembe
© 2005 Hänssler Verlag, D-71087 Holzgerlingen

Lauf nicht weg und halte still

2. Schmiert man Honig dir ums Maul, / ist was an der Sache faul. / Doch zum Bessern führt, wer dich kritisiert.

3. Sagt er's dir grad ins Gesicht, / Mensch, dann ärgere dich nicht! / Dank ihm für den Mut, denn er meint es gut.

Text: Eckart zur Nieden / Melodie: Gerhard Schnitter
© 2001 Hänssler Verlag, D-71087 Holzgerlingen

45 Wir sind Kinder des Höchsten
Kinder des Lichts

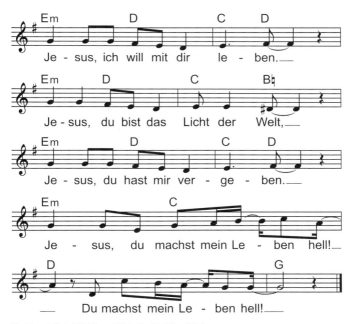

Text (nach Eph 5,8-10) und Melodie: Matthias Röck
© 2005 Hänssler Verlag, D-71087 Holzgerlingen

46 Gott kennt alle meine Sorgen

2. Wenn wir ihn suchen, lässt er sich finden. Wenn ich ihn suche, hilft er mir gern! / Gott kennt ...

3. Wer bei ihm anklopft, dem wird er öffnen. Wenn ich ihn rufe, hört er mich gern! / Gott kennt ...

Text und Melodie: Jörg Streng
© 2005 Hänssler Verlag, D-71087 Holzgerlingen

Ob ich liege oder stehe 47

1. Ob ich liege oder stehe, oder auch spazieren gehe, ob ich dort bin oder hier, Gott ist allezeit bei mir.
2. Ob ich schlafe oder wache, ob ich Hausaufgaben mache, oder spiele mit dem Ball, Gott ist wirklich überall.
3. Und sogar im Klassenzimmer wartet er am Morgen immer, bis ich komme, treu auf mich. Stets in seinem Schutz bin ich.

Text: Eckart zur Nieden / Melodie: Gerhard Schnitter
© 2001 Hänssler Verlag, D-71087 Holzgerlingen

2. Jeden Morgen, jeden Abend bin ich nie mehr allein. / Jede Stunde und Minute wirst du immer bei mir sein. / Ich bin nie ...

3. Auf der Straße, in der Klasse bin ich nie mehr allein. / Auch im Keller und im Finstern wirst du immer bei mir sein. / Ich bin nie ...

4. Wenn ich froh bin oder traurig, bin ich nie mehr allein. / Auch in Angst und in Enttäuschung wirst du immer bei mir sein. / Ich bin nie ...

Text und Melodie: Birgit Minichmayr
© cap!-music, D-72213 Altensteig

50 Ich bin froh
Jeden Tag

1.+3. Ich bin froh, denn Jesus sorgt für mich.
2. Er hat mich von meiner Schuld befreit.

Ich bin froh, denn Jesus sorgt für mich. Mit
Er hat mich von meiner Schuld befreit. Mit

ihm gehts mir so gut.
ihm gehts mir so gut.

Originaltitel: Yesu wnga / Muyaya muyaya wamuyaya
Text und Melodie: aus Malawi, Afrika / Deutsch: Armin Jans
© (dt. Text) 2004 Hänssler Verlag, D-71087 Holzgerlingen

51 Jesus ist mein bester Freund

Je-sus ist mein bes-ter Freund, der mir so viel Gu-tes gibt. Er lädt al-le, al-le zu sich ein, weil er uns so herz-lich liebt.

1. Er ist mein Freund, der mich ver-steht und der mir hel-fen kann.
   Ich lass ihm ger-ne mei-ne Hand und geh mit ihm vo-ran. Ja, Je-sus, ...

2. Bin ich in Angst – er steht mir bei, spricht liebevoll zu mir: / Ich bin dir nah, ich bin dir gut, bin allezeit bei dir. / Ja, Jesus, ...

3. Ja, Jesus ist mein bester Freund, denn keiner ist wie er. / Er hat mich lieb. Ich liebe ihn. Er bleibt mein Freund, mein Herr. / Ja, Jesus, ...

Text: Sr. Helga Winkel / Melodie: Sr. Christel Schröder
© 1997 Diakonissenmutterhaus Aidlingen

Immer und immer

52

Text und Melodie: Thomas Klein
© 2004 Hänssler Verlag, D-71087 Holzgerlingen
www.kinderlobpreis.de

53   Du bist ein Gott, der mich sieht

1. Du bist ein Gott, der mich sieht.
Du bist ein Gott, der mich sieht.
Du bist ein Gott, der mit mir geht
durch ein ganzes Jahr.
Hal - le - lu - ja!

2. Du bist ein Gott, der mich kennt ...

3. Du bist ein Gott, der mich liebt ...

4. Du bist ein Gott, der vergibt ...

5. Du bist ein Gott, der mir hilft ...

Text und Melodie: Johannes Matthias Roth
© 2005 Johannes-Music Verlag, D-90530 Wendelstein
www.johannes-music.de

Gott ist so klein 54

2. Sag mir, wo Gott wohnt, ich kann ihn nicht sehn, und doch möchte ich ihn so gerne verstehn. / Wohnt er unter Sternen im glitzernden All oder in Bethlehem in einem Stall?

Refrain
Gott wohnt bei dir ↯ und auch bei mir, er wohnt bei den Menschen und Tieren der Welt. / Gott wohnt ganz nah, ist immer da, er kennt dich und jeden Stern am Himmelszelt.

3. Noch einmal die 1. Strophe wiederholen.

Text und Melodie: Christiane Dusza
© 2005 Hänssler Verlag, D-71087 Holzgerlingen

55   Hilfe in der Not

Text und Melodie: Frank Badalie
© cap!-music, D-72213 Altensteig

Hundert Pro

2. Hundert Pro: Gott weiß den Weg für mich. Hundert Pro: Gott weiß den Weg für dich. Hundert Pro: Das ist mein Fundament, hundert Pro, hundert Prozent!

3. Hundert Pro: Gott ist ganz nah bei mir ...

4. Hundert Pro: Gott hört auf mein Gebet ...

5. Hundert Pro: Gott ist ein Schutz für mich ...

Text und Melodie: Marion und Gilbrecht Schäl
© Gerth Medien Musikverlag, Asslar

Unter dem Schirm des Höchsten 59

2. Ob du reich bist oder arm, ob dir kalt ist oder warm, / ob du dick bist oder dünn, Gott hat dich lieb. / Ob du wach bist oder schläfst, gerne in die Kirche gehst, / ob du stark bist oder schwach, Gott hat dich lieb. / Unter dem Schirm ...

3. Ob du fröhlich Lieder singst oder lieber hüpfst und springst, / ob du jung bist oder alt, Gott hat dich lieb. / Ob du laute Musik hörst, oder dich nur daran störst, / ob du Jung und Alt verstehst, Gott hat dich lieb. / Unter dem Schirm ...

Originaltitel: Underem Schirm vom Höchschte
Text und Melodie: Markus Hottiger / Deutsch: Evelyn Siegrist / Christine Rösch
© Adonia-Verlag, CH-4805 Brittau

60 Ich bin sicher

Text und Melodie: Tobias Gerster / © 1995 Gerth Medien Musikverlag, Asslar

Wer lenkt meine Schritte 62

1. Wer lenkt mei-ne Schrit-te, wer hört mei-ne Bit-te, wer trägt Las-ten, die mir viel zu schwer? Öff-ne nur die Au-gen, und du wirst es glau-ben, weil du es siehst: Gott liebt dich sehr.

Refrain: Va-ter, lass dir dan-ke sa-gen, Dank für al-les, was du tust. Dan-ke, Va-ter, dass du da bist, dass du sorgst und nie-mals ruhst.

2. Manchmal gibt es Tage, deren große Plage / mich verwirrt und durcheinander bringt. / Aber lass dir sagen: Du musst nicht verzagen, / der Weg ist gut, den Gott bestimmt. / Vater, lass dir Danke sagen ...

Text und Melodie: Hans-Gerhard Hammer
© 1993 Hänssler Verlag, D-71087 Holzgerlingen

63 Nichts, nichts kann uns trennen

Text und Melodie: Norbert Binder
© 2003 Gerth Medien Musikverlag, Asslar

Meinem Gott vertraue ich gerne 64

2. Mein Gott gibt mir viele Versprechen, ich weiß, er hält sich fest daran. / Er sagt: »Halte durch, du wirst sehen, was ich alles kann!« / Meinem Gott vertraue ich ...

3. Mein Gott kann mich total verändern, bei ihm gibt es kein »hoffnungslos«. / Mein Gott wirkt in so vielen Kindern. Er ist riesengroß. / Meinem Gott vertraue ich ...

4. Mein Gott will durch mich was verändern, drum setz ich mich für andre ein. / Mein Gott gibt mir Kraft, ihm zu dienen. Ja, so soll es sein! / Volle Kanne ...

Text und Melodie: Mike Müllerbauer
© 2005 cap!-music, D-72213 Altensteig

65   Gott zeigt mir den Weg
God Will Make A Way

Text und Melodie: Don Moen / Deutsch: Gerhard Schnitter
© 1990 Integrity's Hosanna! Music
Für D,A,CH: Gerth Medien Musikverlag, Asslar

Text und Melodie: Armin Jans / © 2005 Hänssler Verlag, D-71087 Holzgerlingen

Gott kennt dich mit Namen 67

Text und Melodie: Gregor Breier
© 2001 Wort des Lebens, D-82328 Berg / Hänssler Verlag, D-71087 Holzgerlingen

68   Ich will nicht mehr sagen
I wott nümme säge

Ich will nicht mehr sa-gen: »Ich kann das nicht.«
I wott nüm-me sä-ge: »Das chan - i nid.«

Nein, nein, nein, nein, nein!
Nei, nei, nei, nei, nei!

beim letzten Mal zum Zeichen ⊕

Ich will es jetzt wa-gen, ich trau - e mich.
I wotts ei-fach wo-ge, wott mue - tig si.

1. Ja, ja, ja, ja, ja!
2. Ja, ja, ja, ja, ja! Denn
Ja, ja, ja, ja, ja!
Ja, ja, ja, ja, ja! Denn

(Echo)

ich kann al - les tun, al - les tun, al - les tun, wenn
i cha al - les tue, al - les tue, al - les tue, wenn

Je - sus in mir lebt, in mir lebt, in mir lebt. In
Je - sus i mir läbt, i mir läbt, i mir läbt. Im

Text: Daniel Kallauch / Schweizerdeutsch: Markus Hottiger
Melodie: Daniel Kallauch und Cornelius Schock
© 1998 cap!-music, D-72213 Altensteig

2. Freunden kann ich alles sagen, auch, was mir Kummer macht. / Freunde, Freunde, da ist keiner, der dann über mich lacht. / Freunde, Freunde ...

3. Freundschaft hält auch in den Krisen, wenn wir uns mal nicht verstehn. / Freunde bleiben immer Freunde, das kann jeder sehn!* / Freunde, Freunde ...

Text: Matthias Hanßmann und Kornelia Cramer / Melodie: Matthias Hanßmann
© Gerth Medien Musikverlag, Asslar

Nach der 3. Strophe könnte auch das Lied »Welch ein Freund ist unser Jesus« folgen. Beide Lieder können auch zusammen gesungen werden.

Welch ein Freund 70

```
E                      A        E
Welch ein Freund ist unser Jesus, / o wie hoch ist er er-
B♮   E                    A        E       B♮
höht! / Er hat uns mit Gott versöhnt / und vertritt uns im
   E     B♮                    E       A       E
Gebet. / Wer mag sagen und ermessen, / wieviel Segen
        B♮    E                         A      E
uns entgeht, / wenn wir nicht zu ihm uns wenden / und ihn
   B♮       E
suchen im Gebet!
```

2. Wenn des Feindes Macht uns drohet / und manch Sturm rings um uns weht, / brauchen wir uns nicht zu fürchten, / stehn wir gläubig im Gebet. / Da erweist sich Jesu Treue, / wie er uns zur Seite steht / als ein mächtiger Erretter, / der erhört ein ernst Gebet.

3. Sind mit Sorgen wir beladen, / sei es frühe oder spät, / hilft uns sicher unser Jesus, / fliehn zu ihm wir im Gebet. / Sind von Freunden wir verlassen / und wir gehen ins Gebet, / o, so ist uns Jesus alles: / König, Priester und Prophet.

Text: Joseph Scriven 1855 / Deutsch: Ernst Gebhardt 1875

71 Ich geh mit Gott durch dick und dünn

2. ⁑ Manchmal bin ich traurig, weil ich so ganz alleine bin. / Mein Freund ist weggezogen, ⁑ öde ist es ohne ihn. / Und trotzdem weiß ich sicher: / Gott lässt mich nicht im Stich. / Er sieht mich und er liebt mich. / Auf ihn verlass ich mich. / Ich geh mit Gott ...

3. ⁑ Manchmal bin ich mutlos und Zweifel macht sich in mir breit. / Ich habe zwar gebetet, doch Hilfe scheint so furchtbar weit. / Und trotzdem weiß ich sicher: / Gott lässt mich nicht im Stich. / Er sieht mich und er liebt mich. / Auf ihn verlass ich mich. / Ich geh mit Gott ...

4. ⁑ Und dann gibt es Zeiten, da staun ich, wie Gott mich beschenkt. / ⁑ Alles klappt am Schnürchen. ⁑ Toll, wie er mein Leben lenkt! / Und deshalb weiß ich sicher: / Gott lässt mich nicht im Stich. / Er sieht mich und er liebt mich. / Auf ihn verlass ich mich. / Ich geh mit Gott ...

Text und Melodie: Dorothea Gisler-Kreiß
© 2005 Hänssler Verlag, D-71087 Holzgerlingen

72 Freut euch! Jesus ist da!

2. Ob ihr liegt oder steht, / wohin immer ihr geht; / auf der Welt ist kein Ort, / er, der Herr, ist schon dort: / Freut euch ...

3. Ob ihr leidet und klagt, / in der Not fast verzagt, / ob ein Sturm euch umweht, / ob's dem Sterben zugeht: / Freut euch ...

4. Ob ihr froh Zeugnis gebt, / dass der Herr in euch lebt, ob man euch drum verlacht / und zu Narren euch macht: / Freut euch ...

Text (nach Matth. 28,20b) und Melodie: Lothar von Seltmann
© 2005 Hänssler Verlag, D-71087 Holzgerlingen

Einladung

74 **Allen Kindern dieser Erde**

1. Al - len Kin-dern die - ser Er - de –

al - len Men-schen die - ser Welt –

Rei-chen, Ar-men, Gro - ßen, Klei - nen,

die mit viel und we - nig Geld,

al - len, die sich lie - ben und sich ken - nen,

o - der and-re Leu - te Fein - de nen - nen,

2. allen, die nichts Neues wagen – allen Menschen dieser Welt – / allen, die vor Angst verzagen, die mit viel und wenig Geld, / allen, die sich nach dem Frieden sehnen, allen, die noch weinen viele Tränen, / allen, die allein sind und verlassen leben auf den Straßen,

3. allen, gilt die frohe Nachricht – allen Menschen dieser Welt – / allen, die nur ängstlich hoffen, die mit viel und wenig Geld. / Jesus Christus kann den Schaden heilen. Seinen Sieg will er mit jedem teilen. / Er will allen ihre Schuld vergeben und schenkt neues Leben. / Allen Kindern ...

Text: Elisabeth Hammer / Melodie: Hans-Gerhard Hammer
© 2004 Hänssler Verlag, D-71087 Holzgerlingen

75   Entdecke das Leben

2. Entdecke die Bibel, lebendiges Wort, was Menschen erlebten, im Glauben an Gott: / ‖:Getragen vom Glauben, getröstet, geführt, / weil Gott niemand aus seinen Augen verliert. :‖

3. Entdecke die Botschaft, die Menschen bewegt, und rund um die Erde in Herzen eingeht: / ‖: Von endloser Liebe und Hoffnung erzählt, / wie Gott uns durch Jesus zu Kindern erwählt.:‖

4. Entdecke die Freude, die Gott uns verheißt, im Glauben an Jesus, durch seinen guten Geist: /||: Lass dich überraschen und geh Hand in Hand, / auf Gott ist Verlass auch im neuen Land. :||

Text und Melodie: Johannes Matthias Roth
© 2002 Johannes-Music Verlag, D-90530 Wendelstein
www.johannes-music.de

Ich wünsche offne Augen dir 76

1. Ich wünsche offne Augen dir und einen klaren Blick dafür, was dir Jesus gibt, und dass er dich liebt.

2. Ich wünsche dir ein offnes Ohr / für Gottes Stimme. Stell dir vor, dass er zu dir spricht / und du hörst es nicht!

3. Ich wünsch dir hinter deiner Stirn / sowas wie ein Computerhirn, dass du nie vergisst, / was Gott für dich ist!

Text: Eckart zur Nieden / Melodie: Gerhard Schnitter
© 2001 Hänssler Verlag, D-71087 Holzgerlingen

77 Hoffnung, Rettung, Leben

Hoff-nung _(Hoff-nung),_ Ret-tung _(Ret-tung),_ Le-ben, das e-wig hält. Ver-ge-bung _(Ver-ge-bung),_ Hei-lung _(Heil-ung),_ durch Je-sus, den Ret-ter der Welt. Welt. Ja, das kommt nicht von uns, aus un-se-rer Kraft, wir kön-nen es nicht schaf-fen. Nein, es kommt von dir, aus dei-ner Kraft, du hast es in uns ge-schaf-fen.

Text und Melodie: Daniel Kallauch © 2004 cap!-music, D-72213 Altensteig

2. Ihm kannst du sagen, was dich drückt, / er freut sich mit, wenn dir was glückt. / Nimm seine Hand, greif zu, schlag ein, / er lädt dich ein, sein Freund zu sein. / Komm mit ...

3. Gott lädt mit offnen Armen ein, / will wie ein Vater zu uns sein. / Nimm seine Hand, greif zu, schlag ein, / er lädt dich ein, sein Freund zu sein. / Komm mit ...

Text und Melodie: Uwe Lal
© ABAKUS Musik Barbara Fietz, D-35753 Greifenstein

79 Nie, nie, nie vergess ich
Mach die Augen auf

Originaltitel: Don't Forget
Text und Melodie: Vince Barlow / Deutsch: Daniel Kallauch
© 1996 Ever Devoted Music / Für D, A, CH: Gerth Medien Musikverlag, Asslar

80 Wir sind eingeladen zum Leben

2. Wir danken Gott und wir schnipsen ...

3. ... stampfen ... 4. ... flüstern ... 5. ... schreien ...

6. Wir danken Gott und wir klatschen und freuen uns,
wir danken Gott und wir schnipsen und freuen uns,
wir danken Gott und wir stampfen ... (usw.)

Text und Melodie: Knut Trautwein-Hörl
© beim Autor

Bino batata

2. Bino bilenge ...
3. Bino bamama ...
4. Bino bandeko ...

deutsch:
1. Der Vater, 2. Der Onkel,
3. Die Mutter, 4. Die Tante –
alle brauchen Jesus

Text (Lingala) und Melodie: aus Afrika mündlich überliefert

Ganz egal 83

2. Ganz egal, wer dir ausweicht, / wer dich ständig ermahnt. / Wer dich einfach links liegen lässt / und nur dein Böses plant. / Gott liebt dich ...

3. Ganz egal, wie du Sport machst, / welche Noten du schreibst. / Ganz egal, ob du Schule magst / und ob du sitzen bleibst. / Gott liebt dich ...

Text und Melodie: Armin Jans
© 2005 Hänssler Verlag, D-71087 Holzgerlingen

84 Hey, hör mal zu

Hey, hör mal zu, wenn Gott mit dir spricht! Hör ihm doch zu und ü-ber-hör ihn nicht!

Hör jeden Tag auf das, was Gott sagt! Gott mischt sich ein.

Du

2. Ich schlag meine Bibel auf, weil ich weiß: Gott wartet drauf. / Seine Worte helfen mir – diese Stille gönn ich mir!

3. Gott kennt mich total genau, er weiß, welchen Mist ich bau. / Toll, dass er mich trotzdem liebt und mir alle Schuld vergibt.

Text und Melodie: Annegret Sarembe
© 2005 Hänssler Verlag, D-71087 Holzgerlingen

2. Von Gott geliebt, egal was war, von Gott behütet trotz Gefahr, / durch seine Nähe manche Angst verlorn. / Von Gott gewollt auf dieser Welt, durch Gott nie nur auf mich gestellt, / durch seine Liebe immer akzeptiert. / Das muss man einfach weitersagen. / Ruft es laut ...

3. Gott kommt zu uns als kleines Kind, damit wir ewig bei ihm sind. / Mit Wundern hat er viele heil gemacht. / Er stirbt am Kreuz, doch kurz darauf steht er für alle Zeiten auf. / Verspricht uns, dass er noch mal wiederkommt. / Das muss man einfach weitersagen. / Ruft es laut ...

Text: Armin Jans / Melodie: Armin Jans, Benjamin Nagy, Ingmar Löffler
© 2004 Hänssler Verlag, D-71087 Holzgerlingen

86 Hör mal auf die leisen Töne

2. Sieh mal auf die kleinen Dinge in unserer großen Welt, /
sieh mal auf das kleine Wunder, das fast nicht mehr auffällt: /
Nimm dir eine kleine Auszeit, ...

3. Nimm dir Zeit, um heut zu feiern, das Leben ist ein Fest, /
nimm dir Zeit, für den zu singen, der dich nicht fallen lässt: /
Nimm dir eine kleine Auszeit, ...

4. Du erfährst, wie Gott dir nah ist in einer weiten Welt, / Du
erfährst die große Liebe, von der Jesus uns erzählt: / Nimm
dir eine kleine Auszeit, ...

Text und Melodie: Johannes Matthias Roth
© 2002 Johannes-Music Verlag, D-90530 Wendelstein
www.johannes-music.de

Da staunst du 87

2. Du kannst ihm alles sagen, ja, er wird dich verstehn. / Er will sich um dich kümmern. Will dir zur Seite stehn. / Das ist stark, das ist stark! Das ist toll, das ist toll! WOW! Absolut genial! YEAH! / Da staunst du ...

3. Egal, wie du auch sein magst, ja, er verlässt dich nie. / Er streckt nach dir die Hand aus, los, komm und fasse sie! / Das ist stark, das ist stark! Das ist toll, das ist toll! WOW! Absolut genial! YEAH! / Da staunst du ...

Text: Alexander Lombardi / Melodie: Gregor Breier
© 2005 Wort des Lebens, D-82328 Berg / Hänssler Verlag, D-71087 Holzgerlingen
Anfragen bitte an den Hänssler Verlag

88 In Gottes Haus

In Got-tes Haus sind of-fe-ne Tü-ren für Jung und Alt, für Arm und Reich.
In Got-tes Haus ist je-der will-kom-men, und sei-ne Lie - be gilt für al-le gleich.

1. Da kann ich sin-gen und mich freu'n
2. Da wird das Be-ten ganz nor-mal,

Text und Melodie: Hella Heizmann
© 1993 Gerth Medien Musikverlag, Asslar

89 Smile And Sing, Jesus Loves You

Text und Melodie: Johannes Matthias Roth
© 2004 Johannes-Music Verlag, D-90530 Wendelstein
www.johannes-music.de

2. Gott zeigt in der Bibel, wie unser Leben gelingt. / Glaube! Gott führt dich sicher ans Ziel, / wo man fröhlich singt. / Freude steckt an ...

3. Gott ist Grund zur Freude, weil er uns trägt und erhält. / Lobe! Und sieh, was Gott heute tut. / Gott regiert die Welt. / Freude steckt an ...

4. Auch wenn dir dein Alltag oft fad und freudlos erscheint. / Gehe! Nimm Gottes Angebot an. / Freude liegt bereit. / Freude steckt an ...

Text und Melodie: Annegret Sarembe
© 1997 Hänssler Verlag, D-71087 Holzgerlingen

91 Jesus in meinem Haus
Jesus In My House

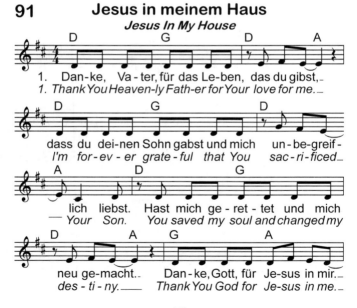

1. Danke, Vater, für das Leben, das du gibst, dass du deinen Sohn gabst und mich unbegreiflich liebst. Hast mich gerettet und mich neu gemacht. Danke, Gott, für Jesus in mir.

1. Thank You Heavenly Father for Your love for me. I'm forever grateful that You sacrificed Your Son. You saved my soul and changed my destiny. Thank You God for Jesus in me.

2. Danke, dass du meinem Leben Zukunft gibst. / Ich darf neu beginnen, weil du meine Schuld vergibst. / Ich gehe vorwärts, denn ich weiß bestimmt: / Jesus ist bei mir jeden Tag. / Ich bin froh ...

2. Thank You for the purpose You have placed in me. / Thank You for forgiveness and the chance to start again. / I face the future knowing I will be / safe and sound with Jesus in me. / I'm so glad ...

Text und Melodie: Judy Bailey / Deutsch: Guido Baltes/Patrick Depuhl/Judy Bailey
© 2000 Dyba Music / Used by permission
www.judybailey.com

92   Es kann Frieden werden

Es kann Frie-den wer-den, die Tren-nung ist vor-bei!
Es kann Frie-den wer-den, noch heu-te auch bei dir!
Gott reicht uns seine Hände und
Gott reicht uns seine Hände:
fragt: Bist du da-bei? Komm nach Haus zu mir. 1. Gott hat uns nicht ver-ges-sen. Er weiß um uns-re Not. Er will sie so-gar tra-gen, macht sein Frie-dens-an-ge-bot.

2. Du kannst jetzt neu beginnen, Gott nimmt dir deine Schuld. / Egal, womit du ankommst, er hat ewige Geduld. / Es kann Frieden werden ...

3. Was ist in deinem Herzen, was treibt dich heute um? / Du kannst es mit Gott teilen! Er ist da, um dich herum. / Es kann Frieden werden ...

Text: Myriam Scharrer / Melodie: Sr. Christel Schröder
© cap!-music, D-72213 Altensteig

2. Bei Jesus kann ich ganz ehrlich sein. / Er kennt mein Herz und weiß, wie ich's mein'. / Er gibt mir Mut für den nächsten Schritt, / führt mich stets sicher und geht immer mit. / Gott macht neu ...

3. Oft bin ich einsam und fühl mich allein, / wünsche mir Freunde, um glücklich zu sein. / Dann kommst du, Herr, und sagst freundlich zu mir: / »Ich bin dein Freund und ich liebe dich sehr.« / Gott macht neu ...

4. Wenn ich dich suche, dann zeigst du dich mir. / Du schenkst mir Frieden, Ruhe in dir, / Herr, nimm mein Leben in deine Hand. / Führe mich sicher ins Heimatland. / Gott macht neu ...

Originaltitel: Gott schafft Neus
Text: Bernhard Heusser / Melodie: Markus Heusser
Deutsch: Evelyn Siegrist / Christine Rösch
© Adonia-Verlag, CH-4805 Brittnau

94 Gott liebt mich, er liebt mich sehr

1. Gott liebt mich, er liebt mich sehr!— Er gab sich sel-ber für mich her!— Er
2. Ich lieb dich, Gott, ich lieb dich sehr!— Dich zu lie-ben fällt nicht schwer!— Ich
3. Ich lieb dich, ja, denn das ist fair,— denn Gott liebt mich, er liebt mich sehr!— Ich

Text und Melodie: Marco Wagner und Christian Danneberg
© 2005 Hänssler Verlag, D-71087 Holzgerlingen

Feste feiern

95 Lasst uns feiern und fröhlich sein

Lasst uns fei-ern und fröh-lich sein, denn Gott, der Kö-nig lädt uns ein! lädt uns ein! Zu sei-nen Kin-dern auf die-ser Welt hat er dich und mich er-wählt, zu mich er-wählt.

Text und Melodie: Johannes Matthias Roth
© 2004 Johannes-Music Verlag, D-90530 Wendelstein
www.johannes-music.de

Ich freue mich so 96

2. Gott ist der Stärkste, das heißt, dass er gewinnt. / Ich bin glücklich und ich sing ihm dies Lied. / Ich freue mich so ...

3. Gott hilft mir gerne, ich bin niemals allein. / Ich bin glücklich und ich sing ihm dies Lied. / Ich freue mich so ...

Text und Melodie: aus Bangladesh / Asien / Deutsch: Armin Jans
© (dt. Text) 2004 Hänssler Verlag, D-71087 Holzgerlingen

97 — Sing, Sing, Sing And Pray

Refrain

1. Sing, sing, sing, sing, sing and pray!
Sing, sing, sing, sing, sing and pray!
Sing, sing, sing, sing, sing and pray,
o what a wonderful day! *Fine*

1. Ich schau in mein Leben und stelle fest,
sing and pray, sing and pray,
dass Jesus mich nie alleine lässt.
D.C. al Fine
Sing and pray, sing and pray!

2. Ich geh zu Jesus jeden Tag hin, / *sing and pray, sing and pray,* / das ist der Grund, warum ich fröhlich bin. / Sing and pray, sing and pray! / Sing, sing ...

3. Ich will dir, Herr, gehorsam sein, / *sing and pray, sing and pray,* / Dein Friede zieht dann in mir ein, / sing and pray, sing and pray! / Sing, sing ...

Text und Melodie: Arno Backhaus
© 1983 Hänssler Verlag, D-71087 Holzgerlingen

Sing mit! Lobe den Herrn! 98

Text: Elisabeth Hammer / Melodie: Hans-Gerhard Hammer
© 1990 Hänssler Verlag, D-71087 Holzgerlingen

2. Gottes Haus hat offne Türen, / jeder soll willkommen sein. / Freunde finden, die dich mögen, / helles Lachen lädt uns ein. / Voll im Wind ...

3. Gottes Haus ist voller Leben, / Feiern, Lachen, Fröhlichsein. / Gottes Wort bringt uns zusammen, / sei dabei und steig mit ein. / Voll im Wind ...

Text und Melodie: Uwe Lal
© ABAKUS Musik Barbara Fietz, D-35753 Greifenstein

I Sing, You Sing 100

1. I sing, you sing, we all sing to-geth-er.
I sing, you sing, we all sing to-geth-er.
I sing, you sing, we all sing to-geth-er,
we are in a Com-pa-ny and we all a-gree,
we are in a Com-pa-ny and we all a-gree.

2. I stand, you stand …   3. I clap, you clap …
4. I stamp, you stamp …   5. I jump, you jump …
6. I praise, you praise, we all praise the Lord.

Text und Melodie: überliefert

101 Endlich wieder Sonntag

2. Alltagsarbeit? Keine Zeit! Heut hab ich Erholungszeit. / Lachen, spielen, fröhlich sein – sonntags passt das prima rein. / Endlich wieder ...

3. Wochenanfang, neuer Start – erst in Gottes Gegenwart! / Gottesdienst gehört dazu, schwänzen ist für mich tabu! / Endlich wieder ...

Text und Melodie: Annegret Sarembe / © 2005 Hänssler Verlag, D-71087 Holzgerlingen

Wir tanzen und lachen 102

2. Haut auf die Pauke, singt mit den Kehlen. / Wir wollen Gottes Taten erzählen! / Wir tanzen ...

3. Spielt auf der Flöte, greift in die Saiten. / So könnt ihr andern Freude bereiten! / Wir tanzen ...

Text und Melodie: Michael Wittig
© Born-Verlag, Kassel

103   Ja, heut ist voll mein Tag

2. Bin ich mal verärgert, hab Wut im Bauch, / lasse meinen ganzen Ärger raus, / gibt es jemand, der mir seine Hände reicht, / auch im Ärger nicht von meiner Seite weicht. / Dab-da-bi-dab-du. / Ja heut ist ...

3. Lieg ich mal am Boden, komm nicht mehr auf, / weiß in meinem Leben weder ein noch aus, / gibt es jemand, der mich auf die Beine stellt, / der mir Mut zuflüstert, immer zu mir hält. / Dab-da-bi-dab-du. / Ja heut ist ...

Text und Melodie: Johannes Matthias Roth
© 2001 Johannes-Music Verlag, D-90530 Wendelstein
www.johannes-music.de

Ho-Ho-Hosianna 104

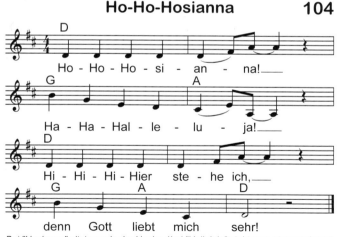

Bei "Hosianna" sitzt man in der Hocke, / bei "Halleluja" steht man etwas gebeugt, bei "Hier" steht man aufrecht, / bei "Gott" zeigt man nach oben.

Text und Melodie: unbekannt

105 Wir fürchten uns nicht

Text und Melodie: Markus Till
© 2001 Hänssler Verlag, D-71087 Holzgerlingen

2. ||: Ich bete und bitte, klatsche und stampfe, / hüpfe und lobe, Gott hat mich gern! :|| Und wenn ich mal nicht so beten kann, und wenn ich einmal nicht klatschen kann, / und wenn ich mal nicht gut hüpfen kann, dann weiß ich, Gott ist immer noch da.

3. ||: Ich pfeife und spiele, jauchze und gröle, / tanze und lobe, Gott hat mich gern! :|| Und wenn ich einmal nicht pfeifen kann, und wenn ich mal nicht mehr jauchzen kann, / und auch wenn ich nicht mehr tanzen kann, dann weiß ich, Gott ist immer da.

4. ||: Ich danke fürs Leben, danke fürs Atmen, / für Gottes Segen: Gott hat mich gern! :|| Und wenn ich mal nicht mehr atmen kann, und wenn ich dann nicht mehr leben kann, / und wenn dann mein Herz nicht mehr schlagen kann, dann weiß ich, Gott ist immer noch da.

Originaltitel: I singe und springe
Text und Melodie: Markus Hottiger / Deutsch: Christine Rösch
© Adonia-Verlag, CH-4805 Brittnau

107 Ich habs, ich hab Jesus entdeckt!

2. Manchmal bin ich Außenseiter, ab und zu selbst schuld daran. / Gott ist immer mein Begleiter. Wichtig ist: er nimmt mich an. / Ich habs ...

3. Ganz entdeckt und ganz vergeben, seit ich ganz zu ihm gehör. / Mit ihm will ich immer leben. Wichtig ist: er geht mit mir! / Ich habs ...

Text: Armin Jans / Melodie: Armin Jans, Ingmar Löffler, Benny Nagy
© 2002 Hänssler Verlag, D-71087 Holzgerlingen

108 Jeder Tag mit dir

Originaltitel: Jede Tag mit Dir
Text und Melodie: Markus Hottiger / Deutsch: Evelyn Siegrist
© Adonia-Verlag, CH-4805 Brittnau

109 Sing und spring hoch hinaus

2. Sing und schrei laut hinaus ... 3. Sing und geh weit hinaus ...

Originaltitel: Singim Glory
Text und Melodie: aus Papua-Neuguinea / Australien / Deutsch: Armin Jans
© (dt. Text) 2004 Hänssler Verlag, D-71087 Holzgerlingen

Schöpfung

110   Perfekt gemacht

Per-fekt ge-macht,— per-fekt ge-macht! Die Welt hat Gott sich aus-ge-dacht.— Per-fekt ge-macht,— per-fekt ge-macht! Kein Zu-fall ist's,— das wär ge-lacht!—

1. Gott weck-te uns-re Son-ne auf— und gab dem Welt-all sei-nen Lauf,— be-

2. Er schuf die Wälder rings umher, die Tiere und das weite Meer. / Er schuf das Grün, den Mensch dazu und einer davon, das bist du! / Perfekt gemacht ...

3. Er schuf den Himmel und das Land, die Wüste und den weißen Strand, / erfand zum Atmen auch die Luft, der Orchideen süßer Duft. / Perfekt gemacht ...

4. Die Schöpfung ist so wunderbar, weil Gott hier selbst am Werke war. / Wir preisen ihn für seine Macht, denn er hat auch an uns gedacht. / Perfekt gemacht ...

Text und Melodie: Michael Wittig
© beim Autor

2. Strahlend rote, sonnengelbe Blüten zeigen Gottes Spaß / an den leuchtend schönen Farben. Gottes Größe zeigt uns das. / Bunt, bunt ...

3. Grüne Wiesen, dunkle Wälder, Blätter, Nadeln, Klee und Heu. / So viel Grün und jedes anders – immer wieder staun ich neu. / Bunt, bunt ...

4. Sieh den bunten Regenbogen: Farben leuchten hell und klar. / Schau sie an! Du sollst dich freuen. Gottes Welt ist wunderbar. / Bunt, bunt ...

5. Alle Menschen sind verschieden. Jedes Kind sieht anders aus. / Jeder hat so viele Gaben – mach doch selbst das Beste aus. / Bunt, bunt ...

Text und Melodie: Annegret Sarembe
© 2005 Hänssler Verlag, D-71087 Holzgerlingen

112 Gottes Welt beginnt

2. Wie ein Fluss, der jetzt so groß und lang, / doch einst als kleiner Quell entsprang. / Nun trägt er Schiffe, groß und schwer, / hinauf bis in das weite Meer. / Gottes Welt ...

Spielanregungen:
Das leise Wachsen des Senfkornes können wir im Refrain mit einigen Bewegungen hörbar machen:
Gottes Welt beginnt – (2x Handflächen aneinander reiben),
wie ein Senfkorn klein – (2x mit den Fingern schnipsen),
und wächst doch wie ein Korn – (2x auf die Oberschenkel patschen),
wird groß und größer sein – (1x mit den Füßen kräftig aufstampfen)

Text (nach Mk 4,30-32) und Melodie: Uwe Lal
© ABAKUS Musik Barbara Fietz, D-35753 Greifenstein

Danke, Gott, du gabst mir Augen 113

1. Dan-ke, Gott, du gabst mir Au-gen. Dan-ke, dass ich se-hen kann. Ich will ler-nen, das zu se-hen, wo-ran ich mich freu-en kann.

2. Danke, Gott, du gabst mir Ohren. Danke, dass ich hören kann. / Ich will lernen, das zu hören, woran ich mich freuen kann.

3. Danke, Gott, du gabst mir Hände. Danke, dass ich helfen kann. / Ich will lernen, so zu handeln, dass du dich dran freuen kannst.

4. Danke, Gott, du gabst mir Lippen. Danke, dass ich reden kann. / Ich will lernen, das zu sagen, woran du dich freuen kannst.

5. Danke, Gott, du gabst mir Füße. Danke, dass ich laufen kann. / Ich will lernen, hinzugehen, wo du mich gebrauchen kannst.

6. Danke, Gott, du gabst mir Leben. Danke, dass ich atmen kann. / Ich will lernen, so zu leben, dass du mich gebrauchen kannst.

Text und Melodie: Annegret Sarembe
© 1997 Hänssler Verlag, D-71087 Holzgerlingen

114 Gott hat die ganze Welt gemacht
Wir sind stolz auf Gott

1. Gott hat die gan - ze Welt ge - macht. Wir sind
   Und dann vor Freu - de laut ge - lacht. Wir sind

stolz auf Gott! Schau das Er - geb - nis doch mal an.
stolz auf Gott! Und stau - ne, was er al - les kann.

— Wir sind stolz auf Gott!
— Wir sind stolz auf Gott!

Wir sind stolz auf Gott! Wir sind stolz auf Gott! Wir ge-
Wir sind stolz auf Gott! Wir sind stolz auf Gott! Wir ge-

hö - ren fest zu ihm.
hörn zu sei - nem   Team.

2. In seinem Auftrag sind wir hier. Wir sind stolz auf Gott! / Mit seiner Hilfe rechnen wir. Wir sind stolz auf Gott! / Nichts ist unmöglich seiner Macht. Wir sind stolz auf Gott! / Er hat uns immer durchgebracht. Wir sind stolz auf Gott! / Wir sind ...

3. Obwohl wir ihn oft nicht verstehn, – Wir sind stolz auf Gott! – / wird er uns niemals hintergehn. Wir sind stolz auf Gott! / Was er sich vornimmt, geht nie schief. Wir sind stolz auf Gott! / Denn er hat alles fest im Griff. Wir sind stolz auf Gott! / Wir sind ...

Text: Armin Jans / Melodie: Armin Jans, Ingmar Löffler, Benny Nagy
© 2000 Hänssler Verlag, D-71087 Holzgerlingen

Nachfolge

115 Ganz schön mutig

Ganz schön mu-tig, mit Gott zu ge-hen.

Ganz schön mu-tig, Got-tes Wort zu hörn.

Ganz schön mu-tig, von ihm zu re - den,

mu - tig, mit Gott zu le - ben.

1. Gott macht dir Mut, denn er hat al - le Macht.

Gott macht dir Mut, er sieht dich Tag und Nacht.

2. Gott fordert Mut: Er will dich helfen sehn. / Gott fordert Mut: Du sollst zu andern gehn. / Gott fordert Mut: Bleibst du auch dann noch da, / wenn andre lachen und du stehst allein? / Ganz schön mutig ...

3. Gott gibt dir Mut! Lies in der Bibel nach. / Gott gibt dir Mut! Steh auf und leb danach. / Gott gibt dir Mut! Hör nicht zu beten auf. / Du darfst Gott bitten, darauf wartet er. / Ganz schön mutig ...

Text und Melodie: Annegret Sarembe
© 2005 Hänssler Verlag, D-71087 Holzgerlingen

116 Viele Schritte, manche Wege

Vie-le Schrit-te, man-che We - ge gehn wir oh - ne Hoff-nung los, doch wenn wir auf Je-sus se - hen, wird das Stau-nen groß.

Dreh dich mal um! Was hat er an dir ge-tan? Der, auf den du längst ver-traut hast, lässt dich heu-te nicht al-lein. Was auch ge-schieht, er wird im-mer bei dir sein.

Dreh dich mal um! Siehst du nicht den gu-ten Plan?

Text und Melodie: Hans-Gerhard Hammer
© 1993 Hänssler Verlag, D-71087 Holzgerlingen

Text (nach Ph 3,13 u. 2.Kor 5,7) und Melodie: Matthias Röck
© 2005 Hänssler Verlag, D-71087 Holzgerlingen

Nein, nein, nie, nie 119

2. Wenn ich dran denk, dass du für mich gestorben bist, ...
3. Wenn ich dran denke, dass du auferstanden bist, ...
4. Wenn ich dran denke, dass du wieder zu uns kommst, ...

Nach der letzten Strophe 2x Refrain und dabei immer schneller werden.

Originaltitel: Wänn i dra dänke (Nei, nei, nie, nie)
Text und Melodie: mündliche Überlieferung aus der Schweiz / Deutsch: Daniel Fitz
© (dt. Text) Hänssler Verlag, D-71087 Holzgerlingen

120 Weg damit

2. Fühlst du es, wie sehr Gott dich liebt. / Fühlst du es, wie gern er vergibt. / Er wirft deine Schuld einfach fort, / fort an einen unerreichten Ort. / Weg damit ...

(Die Echostimme im Refrain kann auch entfallen.)

Originaltitel: Beula, beula
Text und Melodie: aus Malawi, Afrika / Deutsch: Armin Jans
© (dt. Text) 2004 Hänssler Verlag, D-71087 Holzgerlingen

121 Bei dir kommt keiner zu kurz

Bei dir kommt kei-ner zu kurz,— du bringst es fer-tig, al-le gleich zu lie-ben.
Bei dir kommt kei-ner zu kurz,— du bringst es fer-tig, so-gar mich zu lie-ben.
Bei dir kommt kei-ner zu kurz,— das, was mir nie ge-lingt,— ist für dich kein Pro-blem.
Bei dir kommt kei-ner zu kurz,
bei dir— kommt kei-ner— zu kurz!

Bei dir bin ich ge-bor-gen, bei dir bin ich an-ge-nom-men, bei

Text und Melodie: Daniel Kallauch
© 1998 cap!-music, D-72213 Altensteig

I've Got Peace Like A River 122

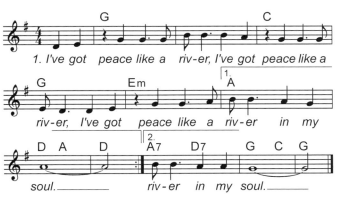

2. I've got joy like a fountain ...

3. I've got love like an ocean ...

4. I've got strength like an eagle ...

5. I've got peace like a river, I've got joy like a fountain,
I've got love like an ocean in my soul. (2x)

Text und Melodie: überliefert

Hey, du Missionar 124

2. Und wenn du dann im Dschungel bist und wir bleiben hier, / sammeln wir ein Opfer ein und schicken es zu dir. / Hey, du Missionar ...

3. Und wenn du mal Probleme hast, denke fest daran: / Hier zu Hause beten wir, dass Gott dir helfen kann. / Hey, du Missionar ...

Text und Melodie: Reinhold Frasch
© 2002 Hänssler Verlag, D-71087 Holzgerlingen

125 Wir wollen wieder dem Herrn

Wir kom-men jetzt zu dir zu-rück._____

2. Wir bitten herzlich um Verzeihung. Es tut uns wirklich unendlich Leid. / Wir woll'n ab heute Böses lassen. Wir sind jetzt ganz für dich bereit. / Wir wollen wieder ...

3. Du darfst in unser Leben kommen. Macht unsre Herzen vollständig rein. / Wir woll'n dich lieben und dir dienen. Dein Eigentum wollen wir sein. / Wir wollen wieder ...

Text: Alexander Lombardi / Melodie: Gregor Breier
© 2001 Wort des Lebens, D-82328 Berg / Hänssler Verlag, D-71087 Holzgerlingen
Anfragen bitte an den Hänssler Verlag

Hier ist mein Herz   126

Hier ist mein Herz, mach es ganz rein. Nur du al-lein sollst drin-nen sein. Nimm al-les weg, was dich stört, weil dir, Je-sus,__ mein Herz ge-hört.

Text und Melodie: Thomas Klein
© 2005 Hänssler Verlag, D-71087 Holzgerlingen
www.kinderlobpreis.de

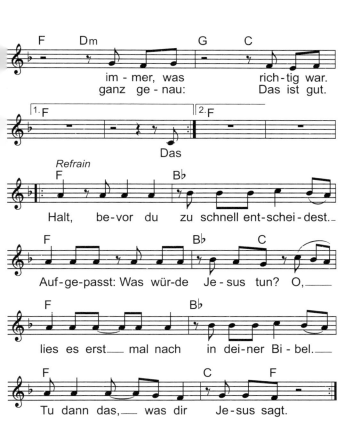

Originaltitel: Stop
Text und Melodie: Vince Barlow / Deutsch: Fabian Vogt und Arne Kopfermann
© 1992 Ever Devoted Music / Für D,A,CH: Gerth Medien Musikverlag, Asslar

128   Ich bin glücklich

2. Ich will lesen in der Bibel / am Sonntag ... / Ich will lesen in der Bibel. Die Bibel ist mein bestes Buch.

3. Ich will beten, ich will beten / am Sonntag ... / Ich will beten, ich will beten, denn Jesus hört auf mein Gebet.

Text und Melodie: unbekannt

Give Me Love In My Life 129

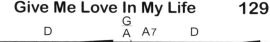

2. Give me joy in my life, give me joy. / Give me joy in my life, Lord, Your joy, / Give me joy, that ev'ryone can see, / You're the joy in me. / Give me joy, Lord, give me joy.

3. Give me peace in my life, give me peace. / Give me peace in my life, Lord, Your peace. / Give me peace, that ev'ryone can see, / You're the peace in me. / Give me peace, Lord, give me peace.

Text und Melodie: Lukas Di Nunzio
© 1997 Hänssler Verlag, D-71087 Holzgerlingen

130 Manchmal würde ich's genießen

1. Manch-mal wür-de ich's ge-nie-ßen, Leh-rer auf den Mond zu schie-ßen. Mit der Nach-ba-rin, der al-ten, ist's fast gar nicht aus-zu-hal-ten.
2. Manch-mal ist auch mit den From-men ziem-lich schwie-rig aus-zu-kom-men. Selbst Ver-wand-te kön-nen al-len Kin-dern auf die Ner-ven fal-len.

1.+2. A-ber Je-sus lässt mir sa-gen, ich soll an-de-re er-tra-gen. Gut, Herr Je-sus, dann gib du mir die nöt'-ge Kraft da-zu! Kraft da-zu!

Text: Eckart zur Nieden / Melodie: Eberhard Rink
© 1998 ERF Verlag, D-58452 Witten

2. Leg deine Last ab, denn ohne geht es flott, lass alles Alte hinten stehn. / Leg alle Schuld, alle Sünde und Fehler ab bei Gott, das gibt dir Kraft zum Vorwärtsgehn. / Schneller ...

3. Kämpf mit den andern zusammen dich voran, weiter den Weg zum Ziel zu gehn. / Denn es gilt: Jeder ist wichtig und jeder strengt sich an. Gott will, dass wir zusammenstehn. / Schneller ...

4. Einmal da sind wir am Ziel der Träume dann, endlich gewonnen, endlich da! / Da gibt es Freude und Jubel, das Leben fängt neu an. Wir singen froh: Halleluja! / Schneller ...

Text und Melodie: Annegret Sarembe
© 2005 Hänssler Verlag, D-71087 Holzgerlingen

132 Immer hinter Jesus her
Nicht zur Rechten, nicht zur Linken

1. Nicht zur Rechten, nicht zur Linken, Herr, bewahre mich auf deinem Weg. Ich will nicht zur Seite weichen, keinen Zentimeter, nicht ein Stück.

2. Kommen Stürme und Bedrängnis, schauen meine Augen fest auf dich. / Du gibst Frieden, wenn ich Angst hab, und ich weiß, du lässt mich nicht im Stich. / Immer hinter ...

Text und Melodie: Armin Knothe
© 1996 Voices Musikverlag, Kerpen

133 Alles hat er mir erlassen

1.+4. Alles hat er mir erlassen. Alles! Kaum kann ich es fassen. Alle meine Schuld und Sünde trug er dort für mich auf Golgatha.

1.-3. Halleluja, halleluja! Jesus hat mich so geliebt.

2. Immer will er mit mir gehen, immer mir zur Seite stehen, / immer mich an Händen halten, bis ich dort bei ihm am Ziele bin. / Halleluja ...

3. Darum will ich treu ihm bleiben, darum mich nur ihm verschreiben, / darum alle Sünde hassen und für ihn nur leben ganz allein. / Halleluja ...

Text und Melodie: Ursula Hausmann
© 1974 Hänssler Verlag, D-71087 Holzgerlingen

Es ist supermegastark 134

Originaltitel: Supermegalässig
Text und Melodie: Markus Hottiger / Deutsch: Evelyn Siegrist
© 1993 Adonia-Verlag, CH-4805 Brittnau

Text und Melodie: Hans-Gerhard Hammer
© 2004 Hänssler Verlag, D-71087 Holzgerlingen

2. Sieh dir mal den Petrus an, wie es ging auf seiner Bahn. / Auch wenn manches Mal er fiel, mit Jesus kam er zum guten Ziel. / Tapp, tapp ...

3. Nun schaut Jesus hin zu dir, fragt dich: »Willst du folgen mir? / Willst auch du mein Bote sein? Ich sende dich in die Welt hinein.« / Tapp, tapp ...

Text: Elisabeth Hammer / Melodie: Hans-Gerhard Hammer
© 2001 Hänssler Verlag, D-71087 Holzgerlingen

An der Hand 138

2. An der Hand Jesu Christi zu gehn, das ist schön, das macht stark. / An der Hand Jesu Christi zu gehn, das gibt Mut und Sicherheit.

3. An der Hand unsres Gottes zu gehn, das ist schön, das macht stark. / An der Hand unsres Gottes zu gehn, das gibt Mut und Sicherheit.

Text und Melodie: K. Linke
Rechte: unbekannt

2. Wenn du kraftlos bist und verzweifelt weinst, / hört er dein Gebet. / Wenn du ängstlich bist und dich selbst verneinst, / hört er dein Gebet. / Er hört dein Gebet ...

3. Wenn die Menschheit vor ihrem Ende steht, / hört er dein Gebet. / Wenn die Sonne sinkt und die Welt vergeht, / hört er dein Gebet. / Er hört dein Gebet ...

Originaltitel: He Will Listen To You
Text und Melodie: Mark Heard / Deutsch: Christoph Zehendner
© 1983 Word Music LLC
Für D, A, CH: CopyCare Deutschland, D-71087 Holzgerlingen

Jesus, dir kann ich vertraun   141

Text und Melodie: Thomas Klein
© 2005 Hänssler Verlag, D-71087 Holzgerlingen
www.kinderlobpreis.de

2. Gib mir all das, was ich zum Leben brauche / und, Herr, vergib meine Schuld. / Dann kann ich mit deiner Kraft andern vergeben, / die zu mir böse war'n. / Mein Vater ...

3. Herr, halte mich fern von der Freude am Bösen, / bewahr' mich auf deinem Weg. / Denn dein ist das Reich und die Kraft und die Herrlichkeit / jetzt und alle Zeit. / Mein Vater ...

Text und Melodie: Annegret Sarembe
© 2005 Hänssler Verlag, D-71087 Holzgerlingen

Text und Melodie: Uwe Peters
© 2001 Hänssler Verlag, D-71087 Holzgerlingen

144 Herr, mein Wunsch, mein Gebet

Herr, mein Wunsch, mein Gebet und das Ziel, für das ich leb, ist für immer ganz nah bei dir zu sein.

Tief in mir wünsch' ich mir, dass ich deine Liebe spür, Jesus halte mich fest in deinem Arm. Nah bei dir will ich sein, bei dir weiß ich mich geborgen. Nah bei dir will ich sein, du bist

Text und Melodie: Matthias Röck
© 2005 Hänssler Verlag, D-71087 Holzgerlingen

145   Jesus, gib mir Mut

3. Weiß, dass ich die Freundschaft setze mit Kritik aufs Spiel. / Muss doch sagen, was nicht gut ist, was Gott nicht gefiel. / Jesus, gib mir Mut ...

Text: Eckart zur Nieden / Melodie: Gerhard Schnitter
© 2001 Hänssler Verlag, D-71087 Holzgerlingen

2. Deine Herrschaft soll kommen, das, was du willst, geschehn. / Auf der Erde, im Himmel sollen alle es sehn.

3. Gib uns das, was wir brauchen, gib uns heut unser Brot. / Und vergib uns den Aufstand gegen dich und dein Gebot.

4. Lehre uns zu vergeben, so wie du uns vergibst. / Lass uns treu zu dir stehen, so wie du immer liebst.

5. Nimm Gedanken des Zweifels und der Anfechtung fort. / Mach uns frei von dem Bösen durch dein mächtiges Wort.

6. Deine Macht hat kein Ende, wir vertrauen darauf. / Bist ein herrlicher Herrscher und dein Reich hört nie auf.

Text (nach Mt 6,9-13): Christoph Zehendner / Melodie: Hans Werner Scharnowski
© 1994 Felsenfest Musikverlag, D-46485 Wesel

147 Hast du Gott schon mal 'nen Wunsch

Sprich dich aus

Hast du Gott schon mal 'nen Wunsch gesagt? Hast du ihm schon mal dein Leid geklagt? Gott im Himmel int'ressiert das kann.
Fang doch einfach mal zu reden an, du wirst merken, dass Gott hören kann. Er hat immer Zeit, dir zuzu-

Originaltitel: Did You Ever Talk To God Above
Text und Melodie: Frances Towle Rath / Deutsch: Armin Jans
© 1964 und 2005 (dt. Text) Child Evangelism Fellowship Inc.
Alle Rechte vorbehalten.

148 Ja, ich weiß: Gott hört Gebet

2. Wenn ich mich freue, bete ich – Gott hört mir zu. / Er hört so gerne meinen Dank und meinen Lobgesang. / Ja ich weiß ...

3. Wenn ich viel Schlechtes bei mir seh – Gott hört mir zu, / vergibt so gerne alle Schuld, als wär sie nie geschehn. / Ja ich weiß ...

4. Für andre Menschen bete ich – Gott hört mir zu. / Gott will, dass ich auch sie noch seh, mich nicht nur um mich dreh. / Ja ich weiß ...

5. Mit meinen Freunden bete ich – Gott hört uns zu. / Wenn wir vor ihm zusammen sind, da ist er auch dabei. / Ja ich weiß ...

Text und Melodie: Annegret Sarembe
© 1997 Hänssler Verlag, D-71087 Holzgerlingen

149 Jesus, ich komme jetzt zu dir
Du hörst nicht auf

Text (nach 1. Joh. 1,9) und Melodie: Matthias Röck
© 2005 Hänssler Verlag, D-71087 Holzgerlingen

Bibeltexte · Bibelsongs

150 Jesus ist der Weg

Text: nach Johannes 14,6 / Melodie: David Schnitter
© 2005 Hänssler Verlag, D-71087 Holzgerlingen

151 Ich bin ein Bibelentdecker

2. Meine Tour führt mich heute zu Personen, / die haben was mit Gott erlebt. / Ich lese von Fischern und Spionen, / und bin gespannt, wie's weitergeht. / Ich bin ein ...

3. Meine Tour führt mich durch zwei Testamente, / da bleibt mir der Mund offen stehn. / Kinder Gottes erben eine Menge, / das lass ich mir nicht entgehn. / Ich bin ein ...

Text und Melodie: Daniel Kallauch
© 2002 cap!-music, D-72213 Altensteig

152 Wer bittet, dem wird gegeben
Vater, ich danke dir

Immer hab ich dich geliebt 153

Text: Jeremia 31,3 / Melodie: David Schnitter
© 2005 Hänssler Verlag, D-71087 Holzgerlingen

Text (zu Joh. 10) und Melodie: Martin Nystrom / Deutsch: David Eißler
© 1986 Maranatha! Praise
Für D,A,CH: CopyCare Deutschland, D-71087 Holzgerlingen

155 Gott, gib mir ein löwenstarkes Herz

2. Sein Glaube hat zur Folge, dass die Löwengrube droht / und das Ende scheint ganz furchtbar nah. / Doch aus Löwen werden Freunde, Gott ist mitten in der Not. / Er, mein allerstärkster Freund ist da. / Gott, gib mir ...

3. Gott redet auch durch Träume, um die Zukunft zu verstehn / und für Daniel ist das alles klar. / Er erklärte das Geheimnis und der König muss es sehn, / dass ein starker Gott mit Daniel war. / Gott, gib mir ...

Text (zu Daniel 6) und Melodie: Johannes Matthias Roth
© 2002 Johannes-Music Verlag, D-90530 Wendelstein
www.johannes-music.de

156 Die Bibel ist aktuell
Bibelsong

Refrain

Die Bibel ist aktuell, die Bibel macht mein Leben hell. Die Bibel gibt neuen Mut. Sie sagt mir: Gott ist gut. *Fine*

1. Lies die Bibel, bet jeden Tag, und du merkst, dass Gott dich mag. Worte wie ein Brief für dich. Gott erzählt von sich. *D.C. al Fine*

2. Noah, Mose, Abraham, David, Jona, Sem und Ham. / Lies die Storys, die sind toll und mit Action voll. / Die Bibel ...

3. Sechsundsechzig Bücher sind da, jedes kommt von Gott – na klar! / Hunderte von Jahren lang schrieben Menschen dran. / Die Bibel ...

4. Afrika und Mexiko, Indien, Russland, Tokio – / überall gibt's Gottes Wort, auch im fernsten Ort. / Die Bibel ...

Text und Melodie: Annegret Sarembe
© 2005 Hänssler Verlag, D-71087 Holzgerlingen

Fürchte dich nicht

2. Ich bin bei dir, am Tag und auch in der Nacht. / Ich bin bei dir, am Tag und auch in der Nacht; / ich halte meine Hände über dein Leben, / über dein Leben, du, du bist mein.

3. Folge mir nach, denn ich habe dich erwählt. / Folge mir nach, denn ich habe dich erwählt; / ich habe dich zu meinem Boten berufen, / Boten berufen, du, du bist mein.

Text (nach Jes 43,1) und Melodie: Hans-Gerhard Hammer
© 2004 Hänssler Verlag, D-71087 Holzgerlingen

158 Dip dip di di dip

Deutscher Text 1:

1. Wer macht aus klarem Wasser Wein? Wer kümmert sich um groß und klein? / Wer sorgt dafür, dass Blinde sehn? Wer sagt ein Wort, und Lahme gehn?

Refrain
Was für ein Mann, der solche tollen Sachen kann? / Doch das Größte ist, dass er starb für dich und mich. Woh-woh-woh-woh!

2. Wer geht zu Fuß auf einem See? Wer predigt so, dass ich's versteh? / Wer macht 5000 Leute satt, obwohl er nur fünf Brote und zwei Fische hat? / Was für ein Mann ...

Deutscher Text 2:
Sag mir, wer mich immer li-li-liebt, und wer mir den Glauben gi-gi-gibt. / Sag, wer mit mir hoffen wi-wi-will. Sag, wer schenkt allen so vi-vi-viel.

Refrain
Wer ist der Mann? Ich schlage bei ihm ein, weil er für mich starb und für dich und alle Welt. Wo-wo-wo-wow!

Text und Melodie: überliefert
Dt. Text 1 von Volkmar Hamp / Dt. Text 2 von Armin Jans
© (dt. Texte) 2005 Hänssler Verlag, D-71087 Holzgerlingen

159 Ich stehe fest
I stoh ganz fescht

Ich ste-he fest auf dem Fels. Ich ste-he
I stoh ganz fescht uf em Fels. I stoh ganz

fest auf dem Fels. Ich ste-he fest auf dem Fels, auf
fescht uf em Fels. I stoh ganz fescht uf em Fels, uf

Got-tes Wort. Ich will das tun, was er sagt. Ich will das
Gott sim Wort. I wott das tue, wo-n-är seit. I wott das

tun, was er sagt. Ich will das tun, was er sagt, was
tue, wo-n-är seit. I wott das tue, wo-n-är seit, wo

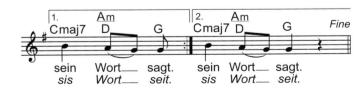

1. sein Wort sagt.
   sis Wort seit.
2. sein Wort sagt.
   sis Wort seit.

Originaltitel: Stand On The Rock / Text (zu Matth. 7,24) und Melodie: Vince Barlow
Deutsch: Fabian Vogt / Schweizerdeutsch: Markus Hottiger
© 1996 Ever Devoted Music / Für D,A,CH: Gerth Medien Musikverlag, Asslar

2. Du kannst in der Bibel sehn: Gott hat dich gemacht, / Gott hat sich für dein Leben schon viel Gutes gedacht. / Gott sorgt gut für dich, lässt dich nie im Stich. / Er will für dich da sein mit seiner ganzen Macht. / Schau in die Bibel ...

3. Der Schatz ist für jeden da. Teil doch davon aus! / Denn Gottes Schatz wird täglich mehr und geht niemals aus. / Mit Gott kannst du gehn und wirst täglich sehn, / dass Gott dich froh macht. Bei ihm bist du zu Haus. / Schau in die Bibel ...

Text und Melodie: Annegret Sarembe
© 1997 Hänssler Verlag, D-71087 Holzgerlingen

Herr, deine Güte reicht 161

Text: Ps. 36,6 / Melodie: Matthias Hanßmann
© 2005 Hänssler Verlag, D-71087 Holzgerlingen für Communio Music, 70178 Stuttgart
www.communio-music.de

Text (zu Psalm 18,30) und Melodie: Miriam Küllmer-Vogt
© 2005 Hänssler Verlag, D-71087 Holzgerlingen

Text (zu Psalm 139) und Melodie: Annegret Sarembe
© 1997 Hänssler Verlag, D-71087 Holzgerlingen

165 — Gottes Wort bleibt

Got-tes Wort bleibt fest be-stehn. Al-les and-re kann so schnell ver-gehn. Ich kann Got-tes Wort ver-traun. Je-den Tag auf Je-sus schaun.

1. Neu-e Tö-ne, neu-er Trend – so schnell hast du ei-nen Hit ver-pennt! Je-sus macht es um-ge-kehrt: Sein Wort hat für im-mer Wert.

2. Neue Kleidung, neuer Kick – doch in einem kleinen Augenblick / bist du damit trotzdem out – alle andern lachen laut. / Gottes Wort ...

3. Gottes Wort bleibt aktuell. Sein Wort macht dein Leben immer hell. / Seine Botschaft sprengt die Zeit: Sie gilt bis in Ewigkeit. / Gottes Wort ...

Text und Melodie: Annegret Sarembe
© 2005 Hänssler Verlag, D-71087 Holzgerlingen

Bittet, so wird euch gegeben 166

Text: Matthäus 7,7+8 / Melodie: David Schnitter
© 2005 Hänssler Verlag, D-71087 Holzgerlingen

167 Ob ich sitze oder stehe
Du bist da!

Ob ich sit-ze o-der ste-he,
ob ich lie-ge o-der ge-he, ob ich
schla-fe o-der wach bin: Du bist da!

Ganz e-gal, was ich grad ma-che,
ob ich wei-ne o-der la-che, ob ich
tan-ze o-der sin-ge: Du bist da!

Von al-len Sei-ten um-gibst du mich, o Herr,
und hältst dei-ne Hän-de ü-ber mir.
Zu al-len Zei-ten weiß ich: Du bist
für mich da! Dei-ne Lie-be ist un-end-

Erforsche mich, Gott 168

Text: Psalm 139,23+24 / Melodie: David Schnitter
© 2005 Hänssler Verlag, D-71087 Holzgerlingen

169 Wo in aller Welt gibts so was

2. Hast du so etwas schon gehört? Es klingt verrückt, doch ist es wahr, / dass Gott uns jede Schuld vergibt, ganz egal obs Wiederholung war. / Hast du so etwas schon gehört? Es klingt verrückt, doch ist es wahr, / dass Gott uns ohne Ende liebt, das gilt Tag für Tag und Jahr für Jahr. / Wo in aller Welt ...

Originaltitel: Ge sonq fuh hou zhu
Text und Melodie: aus Taiwan / Deutsch: Armin Jans
© (dt. Text) 2004 Hänssler Verlag, D-71087 Holzgerlingen

170 Da plötzlich kam die große Flut

Originaltitel: Noah
Text (zu 1. Mo. 7): Fred Field / Melodie: Henry Cutrona/John Mehler
Deutsch: Andreas Malessa
© 1974 Maranatha! Music
Für D,A,CH: CopyCare Deutschland, D-71087 Holzgerlingen

Text: Marion Schäl / Melodie: Gilbrecht Schäl
© 1999 Gerth Medien Musikverlag, Asslar

2. Stell dich auf die Seite wo die Hoffnung ist. / Frag nur nach dem einen, frag nach Jesum Christ. / Er nur ist der Weg, die Wahrheit und das Leben selbst. / Er gibt nur einen ...

Text (zu Daniel 3): Elisabeth Hammer / Melodie: Hans-Gerhard Hammer
© 1993 Hänssler Verlag, D-71087 Holzgerlingen

Jesus ist gekommen 174

Text (nach Luk. 19,10) und Melodie: Armin Knothe
© Voices Musikverlag, Kerpen

2. Er ist da, wenn Angst mich in die Enge führt / und die Mauer meiner Schuld rings um mich steht. / Wenn das Leid, die Trauer mir den Atem nimmt, / ist es er, der mir neue Kräfte gibt. / Mit meinem Gott ...

3. Er ist da, wenn Lieder unsre Welt erfüllen / und das Licht des Lebens unser Herz erhellt. / Wenn der Geist der Liebe uns zusammenführt, / ist es er, der auf weites Land uns stellt. / Mit meinem Gott ...

Text (zu Psalm 18,30) und Melodie: Johannes Matthias Roth
© 2004 Johannes-Music Verlag, D-90530 Wendelstein
www.johannes-music.de

Text: Matthäus 18,20 / Melodie: Danny Plett
© 1996 Janz Musikverlag, adm. by Gerth Medien Musikverlag, Asslar

177 Von allen Seiten umgibst du mich

Text (nach Psalm 139): Elisabeth Hammer / Melodie: Hans-Gerhard Hammer
© 2001 Hänssler Verlag, D-71087 Holzgerlingen

Das Wort von Gott läuft um die Welt 178

1.+ 6. Das Wort von Gott läuft um die Welt, rauf und run-ter, kreuz und quer, das Wort von Gott läuft um die Welt, rauf und run-ter, kreuz und quer. Von vor-ne nach hin-ten, von links nach rechts, von vor-ne nach hin-ten, von links nach rechts, von vor-ne nach hin-ten, von links nach rechts, von vor-ne nach hin-ten, von links nach rechts.

2. Erst lief es um in Israel, rauf und runter, kreuz und quer, / erst lief es um in Israel, rauf und runter, kreuz und quer. / Von vorne ...

3. Dann lief es um das Mittelmeer, rauf und runter, kreuz und quer, / dann lief es um das Mittelmeer, rauf und runter, kreuz und quer. / Von vorne ...

4. Dann lief es über'n Ozean, rauf und runter, kreuz und quer, / dann lief es über'n Ozean, rauf und runter, kreuz und quer. / Von vorne ...

5. Jetzt ist es in der ganzen Welt, rauf und runter, kreuz und quer, / jetzt ist es in der ganzen Welt, rauf und runter, kreuz und quer. / Von vorne ...

Text (zu Apg. 1,8): Hans-Jürgen Netz und Klaus-Uwe Nommensen
Melodie: Peter Janssens
Aus: Meine Lieder, 1992
© Peter Janssens Musik Verlag, Telgte-Westfalen

179 Gott ist auf meiner Seite

Text (nach Rö 8,31 + Ps 119.105) und Melodie: Matthias Röck
© 2004 Hänssler Verlag, D-71087 Holzgerlingen

Spaß · Spiel

180   Wenn du glücklich bist
If You're Happy And You Know It

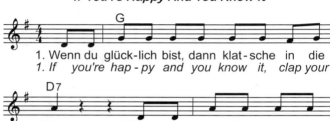

1. Wenn du glück-lich bist, dann klat-sche in die Hand. Wenn du glück-lich bist, dann
1. *If you're hap-py and you know it, clap your hands. If you're hap-py and you*

klat-sche in die Hand. Hat dir Gott in dei-nem
know it, clap your hands. If you're hap-py and you

Le-ben dei-ne Sün-den schon ver-ge-ben? Wenn du
know it and you real-ly want to show it, if you're

glück-lich bist, dann klat-sche in die Hand.
hap-py and you know it, clap your hands.

2. Wenn du glücklich bist, dann schnipse mit dem Finger.
3. ... dann stampfe mit dem Fuß.
4. ... dann dreh dich einmal rum.
5. ... dann rufe laut »Hurra!«
6. ... dann mache alle fünf.

2. ... snap your fingers. / 3. ... slap your legs.
4. ... stamp your feet. / 5. ... say »O.K.« / 6. ... do all five.

Text und Melodie: aus England mündlich überliefert
Deutsch: überliefert

Meine Biber haben Fieber

2. Meine Mäuse haben Läuse, o die Armen! / Will sich keiner denn der armen Tier' erbarmen? / Meine Mäuse haben Läuse, ach, es krabbelt im Gehäuse, / hätt ich selber lieber Läuse und den Mäusen ging' es gut!

3. Meine Hasen haben Blasen, o die Armen! / Will sich keiner denn der armen Tier' erbarmen? / Meine Hasen haben Blasen von dem Grasen auf dem Rasen, / hätt ich selber lieber Blasen und den Hasen ging' es gut!

4. Meine Ziegen können fliegen, o die Armen! / Will sich keiner denn der armen Tier' erbarmen? / Meine Ziegen können fliegen, ach, es ist zum Kinderkriegen, / könnt ich selber lieber fliegen und den Ziegen ging' es gut!

5. Meine Hummer haben Kummer, o die Armen! / Will sich keiner denn der armen Tier' erbarmen? / Meine Hummer haben Kummer, sagt der Zoologe Brummer, / hätt ich selber lieber Kummer und den Hummern ging' es gut!

6. wie 1.

Text: trad. / Wolfgang Hering und Bernd Meyerholz / Melodie: überliefert
Von der Fidula-Cassette 19 "Kunterbunt"
© Fidula-Verlag, Boppard/Rhein

Jack saß in der Küche 182

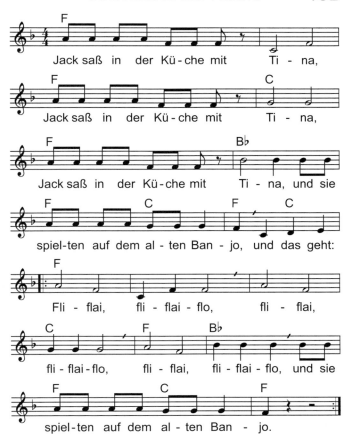

Text und Melodie: unbekannt

Originaltitel: Dance, Shout, Sing
Text und Melodie: Jon Negus und Vince Barlow / Deutsch: Daniel Kallauch
© 1996 Ever Devoted Music / Für D,A,CH: Gerth Medien Musikverlag, Asslar

184 Ich wär gern ein Löwe

1. Ich wär gern ein Löwe in Afrika,—
Wiederholung gesprochen Und ich bin ein Löwe in Afrika,—

Löwen sind stark,— das ist doch klar. Dann
und ich bin stark,— das ist doch klar.

würde ich faul in der Sonne sitzen,
Ich tu gern faul in der Sonne sitzen,

mich manchmal kratzen und ganz schön schwitzen.
mich manchmal kratzen und ganz schön schwitzen.

Refrain
1.+2. Ich würd gern so sein— wie du.
3. Und willst du so sein— wie ich,

Das wäre ganz schön: »Juhu!« Doch
muss ich dir sagen: das geht leider nicht!

2. Ich wär gern 'ne Katze auf 'ner Matratze, dort würde ich liegen und mich anschmiegen. / 'Ne Schüssel Milch gäb es jeden Tag und ich würd gefüttert, wie ich es mag. / Ich bin 'ne Katze auf 'ner Matratze, dort tu ich liegen und mich anschmiegen. / 'Ne Schüssel Milch trink ich jeden Tag und ich lass mich streicheln, wie ich es mag. / Ich würd gern so sein ...

3. Ich wär gern ein Vogel, dann könnte ich fliegen, wohin ich will, das würd ich lieben. / Hoch aus der Luft würd ich dich grüßen und dir damit den Tag versüßen. / Ich bin ein Vogel und ich kann fliegen, wohin ich will, das tu ich lieben. / Hoch aus der Luft tu ich dich grüßen und dir damit den Tag versüßen. / Und willst du so sein wie ich, ...

Text und Melodie: Kristian Reschke
www.JesusBurgerJunior.de
© 2005 Hänssler Verlag, D-71087 Holzgerlingen

185 With Christ In My Heart

Christ: mit dem Finger nach oben zeigen
heart: beide Hände zur Brust hin führen
smile: mit Fingern Mundwinkel anziehen
storm: wellenförmig Hände auseinander führen
sailing: mit verschränkten Armen schaukeln
home: mit Armen ein Dach über dem Kopf machen

nach jedem Durchgang wird ein weiteres dieser Worte ausgelassen.
(Deutsch: Mit Christus in meinem Herzen kann ich über den Sturm
lächeln, während wir nach Hause segeln.)

Text und Melodie: unbekannt

Leaning On The Lord's Side   186
Whose Side Are You Leaning On

1. Whose side are you lean-ing on?__ Lean-ing on the Lord's side!__ Lean-ing on the Lord's side! I lean, I lean, I lean, I lean,__ lean-ing on the Lord's side!__ I lean-ing on the Lord's side!__
2. Whose side are you jump-ing on?__ Jump-ing on the Lord's side!__ Jump-ing on the Lord's side! I jump, I jump, I jump, I jump,__ jump-ing on the Lord's side!__ I jump-ing on the Lord's side!__
3. Whose side are you stamp-ing on?__ Stamp-ing on the Lord's side!__ Stamp-ing on the Lord's side! I stamp, I stamp, I stamp, I stamp,__ stamp-ing on the Lord's side!__ I stamp-ing on the Lord's side!__

4. swimming? 5. sitting? 6. singing?

(Mit Bewegungen singen! / Sing it with motions!)

Text und Melodie: unbekannt

Advent · Weihnachten

187 Wir grüßen den, der zu uns kommt

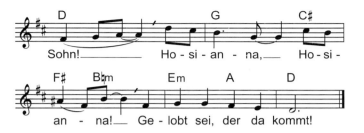

2. Wir grüßen den, der in der Nacht uns leuchtet, dass wir sehen. / Wir können nun in seinem Licht dem Tag entgegengehen. / Hosianna ...

3. Wir grüßen den, der anders kam, als man es von ihm dachte: / ganz klein und doch der ganzen Welt den offnen Himmel brachte. / Hosianna ...

Text und Melodie: Gerhard Schnitter
© 1997 Hänssler Verlag, D-71087 Holzgerlingen

188 Advent

2. Zeit der vielen Päckchen, Überraschungszeit, / liebevoll packt man Geschenke. / Jesus ist gekommen, er will uns gehören. / Deshalb feiern wir Advent. / Warm und hell ...

3. Zeit des frohen Wartens, Adventskalenderzeit, / jeder Tag bringt neue Freuden. / Jesus kommt bald wieder, er kommt als der Retter. / Deshalb feiern wir Advent. / Warm und hell ...

Text und Melodie: Annegret Sarembe
© 2005 Hänssler Verlag, D-71087 Holzgerlingen

189 Weil Jesus bald Geburtstag hat

1. Weil Jesus bald Geburtstag hat, sind wir schon sehr gespannt. Weil Jesus bald Geburtstag hat, freut sich das ganze Land. Wir kaufen die Geschenke und basteln allerlei. So warten wir auf Weihnachten und haben Spaß dabei.

2. Weil Jesus bald Geburtstag hat, ist überall was los. / Weil Jesus bald Geburtstag hat, ist unsre Freude groß. / Wir hören die Geschichte, dass niemand sie vergisst, / von Jesus, der in Bethlehem im Stall geboren ist.

3. Weil Jesus bald Geburtstag hat, gehn viele Lichter an. / Weil Jesus bald Geburtstag hat, erinnern wir uns dran: / Bald kommt er als Erlöser auf unsre Welt zurück. / Wir freun uns, dass er kam – und dass er kommt, ist unser Glück.

Text und Melodie: Gerhard Schnitter
© 2003 Hänssler Verlag, D-71087 Holzgerlingen

Alle Engel, selbst die Bengel 190

Text und Melodie: Christiane Dusza
© 2003 Hänssler Verlag, D-71087 Holzgerlingen

191 Happy Birthday, Jesus!

Hap-py birth-day, Je-sus!__ Es ist wie-der Weih-nacht!__ Und beim Ker-zen-schein heut mer-ken al-le__ er-freut: das Ge-schenk, das__ bist du!

Hap-py birth-day, Je-sus!__ Es ist wie-der Weih-nacht!__ Wenn die Glo-cke er-klingt, al-les duf-tet__ und singt, und der An-lass__ bist du: Hap-py birth-day, Je-sus!__ Je-sus, I love you.

Originaltitel: Happy Birthday, Jesus
Text und Melodie: Carol Cymbala / Deutsch: Gerhard Schnitter
© 1992 Carol Joy Music (adm. by Kobalt Music Group)
    Word Music LLC (für D,A,CH: CopyCare Deutschland, D-71087 Holzgerlingen)

2. Jesus, der Retter der Welt, ist da. / Klatscht in die Hände, singt Halleluja! / Jesus, die Tür zu Gott, ist da. / Springt in die Luft, singt Halleluja! / Freude, Freude ...

3. Jesus, das Licht für die Welt, ist da. / Klatscht in die Hände, singt Halleluja! / Jesus, die Brücke zu Gott, ist da. / Springt in die Luft, singt Halleluja! / Freude, Freude ...

Text und Melodie: Gaba Mertins
© 1991 Pila Music / Verlag Wort im Bild GmbH, Altenstadt

193 Ich freu mich an der schönen Weihnachtszeit

2. So sehr mich die Geschenke freu'n; die sind es nicht allein. / Es geht darum, dass Jesus kommt – er will nah bei uns sein. / Und alle Leute sollen hör'n, dass ich mich daran freu. / Ich freu mich ...

3. Wenn Jesus kommt, dann freut mich das nicht nur zur Weihnachtszeit. / Das gilt für jeden Tag im Jahr und allen weit und breit. / Und alle Leute sollen hör'n, dass ich mich daran freu. / Ich freu mich ...

Text und Melodie: Annegret Sarembe
© 2005 Hänssler Verlag, D-71087 Holzgerlingen

2. Gott lässt uns nicht alleine. Er weiß, es ist so schwer, / ohne ihn zu leben, und so kommt er her. / Wir wissen, dass er bei uns ist, denn Jesus macht uns klar: / Gott schenkt sich uns zur Weihnacht und bleibt das ganze Jahr. / Die Weihnachtsfreude ...

3. ⁑ Schön sind Weihnachtskarten an Menschen, die man liebt. / Schön ist auch das Warten, wenn es Geschenke gibt. / ⁑ Doch das Allerschönste ist das, was man gar nicht sieht: / Gott möchte in uns wohnen und bringt die Freude mit. / Die Weihnachtsfreude ...

Originaltitel: You Can't Stop Christmas
Text: Guy Hemric / Melodie: Jimmi Haskell / Deutsch: Manfred Siebald
© (Text und Melodie) Lutheran Laymen`s League
Für D,A,CH: Life Media GmbH, Asslar-Bermoll
© (dt. Text): Hänssler Verlag, D-71087 Holzgerlingen

Passion · Ostern · Wiederkunft

195   Du Lamm Gottes

Text (liturgisch) und Melodie: Birgit Minichmayr
© cap!-music, D-72213 Altensteig

Ostern! 196

1. Os - tern! Je - sus ist auf - er - stan - den. Ja, er lebt! Das Grab ist leer. Os - tern! Freut euch! Jetzt bleibt er stets bei uns, un - ser Herr.
2. Os - tern! Je - sus ist auf - er - stan - den. Ja, er lebt in E - wig - keit. Os - tern! Freut euch! Er lebt und wir mit ihm al - le - zeit.

Text: Eckart zur Nieden / Melodie: Harry Govers
© 2001 Hänssler Verlag, D-71087 Holzgerlingen

197 Weil Jesus lebt

2. Als man noch dachte, er würd' im Grabe liegen, / da stand er plötzlich vor ihnen, um zu siegen. / Weil Jesus ...

3. Wir wolln uns heute, ja heute mit ihm freuen. / Kommt her ihr Leute, ihr braucht euch nicht zu scheuen. / Weil Jesus ...

4. Wir wolln uns heute, ja heute mit ihm freuen. / Kommt her ihr Leute, wir laden euch zum Feiern ein. *(Fine)*

Text: Elisabeth und Hans-Gerhard Hammer / Melodie: Hans-Gerhard Hammer
© 2004 Hänssler Verlag, D-71087 Holzgerlingen

A sante sana Jesu   198

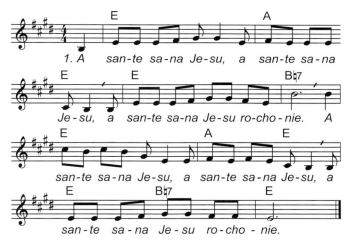

2. Na͜ a kupenda Jesu, na͜ a kupenda Jesu, na͜ a kupenda Jesu, rochonie. / Na͜ a kupenda Jesu, na͜ a kupenda Jesu, na͜ a kupenda Jesu, rochonie.

3. Si ischibila we' we', si ischibila we' we', si ischibila we' we', rochonie. / Si ischibila we' we', si ischibila we' we', si ischibila we' we', rochonie.

1. Ich danke dir, Herr Jesus, (3x) du bist da.
Denn du bist auferstanden, (3x) du bist da.

2. Das Grab kann dich nicht halten, (3x) du bist da.
Ja, Jesus, du bist stärker (3x) als der Tod.

3. Nun kann uns nichts erschrecken, (3x) du bist da.
Ja, Jesus, du bist stärker (3x) als die Angst.

Text (Suaheli) und Melodie: aus Afrika mündlich überliefert
Deutsch: unbekannt

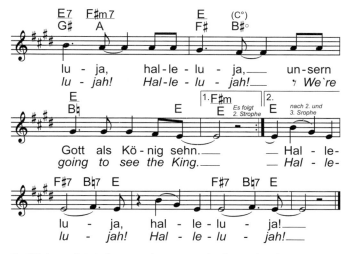

2. Weinen hört dann auf, wenn wir Gott als König sehn.
(3x) Halleluja, halleluja, halleluja, wenn wir Gott als König sehn. / Halleluja ...

3. Sterben hört dann auf, wenn wir Gott als König sehn.
(3x) Halleluja, halleluja, halleluja, wenn wir Gott als König sehn. / Halleluja ...

2. No more crying there, we are going to see the King.
(3x) Hallelujah!   Hallelujah! We're going to see the King. / Hallelujah ...

3. No more dying there, we are going to see the King.
(3x) Hallelujah!   Hallelujah! We're going to see the King. / Hallelujah ...

Text und Melodie: Andraé Crouch 1976 / Deutsch: Stephan Möller
© 1976 Bud John Songs / Unisong Music Publishers B.V. (www.unisong.nl)
Printrechte für D,A,CH: Hänssler Verlag, D-71087 Holzgerlingen. Used by permission.

200 Bis ans Ende der Welt

Text und Melodie: Lothar Kosse
© 1998 Praize Republic, Köln

Morgen · Abend

201 Der Tag erwacht, die Sonne lacht

1. Der Tag erwacht, die Sonne lacht, ich sing ein neues Lied, weil Gott, der Schöpfer aller Welt, auf jeden Menschen sieht.
2. Was gestern war und morgen kommt, es liegt in Gottes Hand. Doch heute geh ich in den Tag wie in ein neues Land.

Refrain: Denn Gott sieht auf Große und Kleine, auf Traurige und Fröhliche, auf dich und auf mich. Kommt, freut euch alle mit.

3. Gott sagt zu mir: Ich bin bei dir, egal was kommen mag. / Ich bin dein Freund, vertraue mir, an jedem neuen Tag. / Ja, Gott sieht auf ...

Text und Melodie: Johannes Matthias Roth
© 2004 Johannes-Music Verlag, D-90530 Wendelstein
www.johannes-music.de

Ich wünsch dir einen guten Morgen 202

2. Ich wünsch dir einen guten Tag! / Dein Freund im Himmel, der dich mag, / wird jede Stunde auf dich sehn, / auf allen Wegen mit dir gehn.

3. Ich wünsch dir eine gute Nacht! / Dein unsichtbarer Freund gibt Acht, / dass niemals Schlimmes dir passiert, / was er nicht noch zum Guten führt.

Text: Eckart zur Nieden / Melodie: Gerhard Schnitter
© 2001 Hänssler Verlag, D-71087 Holzgerlingen

203 Ich preise dich am Morgen

Text und Melodie: Thomas Klein
© 2004 Hänssler Verlag, D-71087 Holzgerlingen
www.kinderlobpreis.de

Ich leg mich hin und schlafe 204

2. Kann mich nicht selbst behüten, hab ja die Augen zu. /
Doch er bewahrt den Frieden, wacht über meiner Ruh.

3. Jetzt werd ich still und mache ganz einfach gar nichts mehr. / Bis morgen ich erwache, ist Jesus um mich her.

Text: Eckart zur Nieden / Melodie: Gerhard Schnitter
© 2001 Hänssler Verlag, D-71087 Holzgerlingen

205 Wie eine Brücke ist die Nacht

2. Wie eine Brücke ist die Nacht. / Vom Heut' mit Freuden oder Sorgen / führt sie ins unbekannte Morgen, / und Gott gibt auf mich Acht.

3. Wie eine Brücke ist die Nacht. / Was heute war, ist jetzt vergangen, / und morgen wird neu angefangen, / weil Gott das möglich macht.

4. Wie eine Brücke ist die Nacht. / Ich freu mich schon auf diese Brücke, / dass ich die Sonne bald erblicke, / die morgen wieder lacht.

Text: Eckart zur Nieden / Melodie: Eberhard Rink
© 1998 ERF Verlag, D-58452 Witten

Abendlied

206

Text und Melodie: Jonathan Böttcher
© 1999 cap!-music, D-72213 Altensteig

Segen

Gottes Segen sei mit dir 208

2. Er geht mit dir durch Tage der Angst. / Er trage dich, wenn du nicht mehr kannst. / Gottes Segen ...

3. Er sei dir nah in Not und Gefahr. / Und bist du krank, ist Jesus auch da. / Gottes Segen ...

4. Was du nicht kennst, ist ihm längst bekannt. / Er geht mit dir, nimmt dich bei der Hand. / Gottes Segen ...

Text und Melodie: Annegret Sarembe
© 2005 Hänssler Verlag, D-71087 Holzgerlingen

2. Wo die Schuld uns beschwert, läuft das Leben verkehrt, / oft nimmt Unheil seinen Lauf. / Doch weil Gott uns vergibt, zeigt er, dass er uns liebt, / und befreit atmen wir auf. / Der Herr segne ...

3. Auch wenn Gott bei uns wohnt, werden wir nicht verschont / vor dem Leid in dieser Welt. / Doch wen Gott einmal fand, / reißt nichts aus seiner Hand, / weil sein Segen trägt und hält. / Der Herr segne ...

Text und Melodie: Michael Wittig
© Born-Verlag, Kassel

211 Gott, dein guter Segen

2. Gott, dein guter Segen ist wie ein helles Licht, / leuchtet weit allezeit in der Finsternis. / Guter Gott, ich bitte dich: Leuchte und erhelle mich. / Lass mich ...

3. Gott, dein guter Segen ist wie des Freundes Hand, / die mich hält, die mich führt in ein weites Land. / Guter Gott, ich bitte dich: Führe und begleite mich. / Lass mich ...

4. Gott, dein guter Segen ist wie der sanfte Wind, / der mich hebt, der mich trägt wie ein kleines Kind. / Guter Gott, ich bitte dich: Stärke und erquicke mich. / Lass mich ...

5. Gott, dein guter Segen ist wie ein Mantelkleid, / das mich wärmt und beschützt in der kalten Jahreszeit. / Guter Gott, ich bitte dich: Tröste und umsorge mich. / Lass mich ...

6. Gott, dein guter Segen ist wie ein weiches Nest. / Danke, Gott, weil du mich heute leben lässt. / Guter Gott, ich danke dir. Deinen Segen schenkst du mir, / und ich kann in deinem Segen / leben und ihn weitergeben. / Du bleibst bei uns allezeit, / segnest uns, segnest uns, denn der Weg ist weit.

Text: Reinhard Bäcker / Melodie: Detlev Jöcker
aus: das Liederbuch zum Umhängen 1
© Menschenkinder Verlag GmbH, D-48157 Münster

Gitarrengriffe

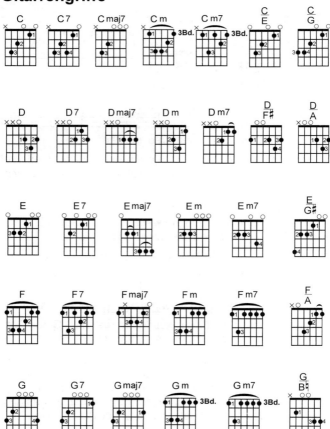

x = Saite wird nicht gespielt, o = leere Saite klingt mit.
1=Zeigefinger, 2=Mittelfinger, 3=Ringfinger, 4=kleiner Finger

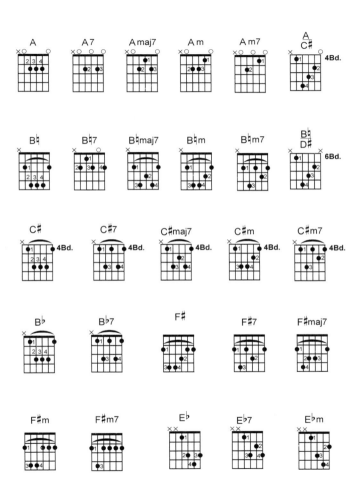

Sachgruppenverzeichnis

Jetzt geht's los
Nr. 1-12

Anfang – Einstieg – Abschied

Jesus, du bist König
Nr. 13-32, 40, 45, 98, 145, 203

Lob – Dank – Anbetung

Du bist jeden Tag bei mir
Nr. 33-73

Ermutigung – Vertrauen

Allen Kindern dieser Erde
Nr. 74-94

Einladung

Lasst uns feiern
Nr. 95-109

Feste feiern

Perfekt gemacht
Nr. 110-114, 201

Schöpfung

Ganz schön mutig
Nr. 115-138

Nachfolge

Gott hört dein Gebet
Nr. 139-149

Gebet

Jesus ist der Weg
Nr. 150-179

Bibeltexte – Bibelsongs

Wenn du glücklich bist Nr. 180-186	**Spaß – Spiel**
Freude, Freude Nr. 187-194	**Advent – Weihnachten**
Weil Jesus lebt Nr. 195-200	**Passion – Ostern – Wiederkunft**
Der Tag erwacht Nr. 201-207, 24	**Morgen – Abend**
Gottes Segen sei mit dir Nr. 208-211	**Segen**

Inhaltsverzeichnis

	Nummer
1, 2, 3, hier geht es rund	10
A sante sana Jesu	198
Abendlied	206
Abendsegen	207
Aber Jesus lässt mir sagen	130
Advent	188
Alle Engel, selbst die Bengel	190
Alle sind eingeladen	6
Allen Kindern dieser Erde	74
Alles hat er mir erlassen	133
Alles, was ich hab	29
Alles, was ich kann	32
An der Hand eines Starken	138
Bald schon kann es sein	199
Bärenstark	23
Bei dir kommt keiner zu kurz	121
Bibelsong	156
Bino batata	81
Bis ans Ende der Welt	200
Bist du einsam und alleine	58
Bist zu uns wie ein Vater	146
Bittet, so wird euch gegeben	166
Boxenstopp	172
Bunt	111
Da plötzlich kam die große Flut	170
Da staunst du	87
Danke, Gott, du gabst mir Augen	113

Danke, Vater für das Leben	91
Das geht ab	94
Das ist der Turbo	56
Das ist genial!	39
Das Wort von Gott läuft um die Welt	178
Denn Gott sieht auf Große und Kleine	201
Denn wo zwei oder drei	176
Der Herr segne dich	210
Der Kloß im Hals	66
Der Tag erwacht, die Sonne lacht	201
Die Bibel ist aktuell	156
Die Weihnachtsfreude	194
Dip dip di di dip	158
Du bist da!	167
Du bist ein Gott, der mich sieht	53
Du bist jeden Tag bei mir	33
Du bist mein Freund	15
Du bist mein Zufluchtsort	37
Du bist so wertvoll	41
Du bist treu, Herr	61
Du bist, du bist, du bist	15
Du bleibst an meiner Seite	61
Du hast Erbarmen	20
Du hörst nicht auf	149
Du Lamm Gottes	195
Du machst mir Mut	143
Einfach genial	42
Einfach spitze, dass du da bist	3
Eins, zwei, drei	10
Endlich wieder Sonntag	101
Entdecke das Leben	75
Erforsche mich, Gott	168

Es gibt nur einen Gott	173
Es gibt nur einen, der dich kennt	82
Es ist supermegastark	134
Es ist wieder Weihnacht	191
Es kann Frieden werden	92
Father God, I Wonder	22
Felsenfest und stark	19
Freude steckt an	90
Freude, Freude	192
Freunde, Freunde	69
Freut euch! Jesus ist da!	72
Fürchte dich nicht	157
Ganz egal	83
Ganz schön mutig	115
Give Me Love In My Life	129
God Will Make A Way	65
Goodbye und Tschüss	12
Gott hat die ganze Welt gemacht	114
Gott hört dein Gebet	139
Gott ist auf meiner Seite	179
Gott ist so klein	54
Gott kennt alle meine Sorgen	46
Gott kennt dich mit Namen	67
Gott liebt dich ohne eine Bedingung	83
Gott liebt die Menschen	96
Gott liebt mich, er liebt mich sehr	94
Gott macht neu	93
Gott zeigt mir den Weg	65
Gott, dein guter Segen	211
Gott, der Herr, soll die Mitte sein	7
Gott, gib mir ein löwenstarkes Herz	155

Gottes große Liebe	18
Gottes Segen sei mit dir	208
Gottes Welt beginnt	112
Gottes Wort bleibt	165
Groß, größer, am größten bist du	16
Gut, gut, gut bist du Gott	29
Guten Tag	5
Halleluja! Halleluja! (Das ist das Wort)	27
Halleluja, halleluja, Amen	25
Halli, Hallo	4
Hallo, hallo, hallo	8
Halt	127
Happy Birthday, Jesus!	191
Hast du Gott schon mal 'nen Wunsch	147
Hast du heute schon danke gesagt	31
Hast du manchmal Angst	73
Hast du so etwas schon gehört?	169
Herr, dein Name sei erhöht	17
Herr, deine Güte reicht	161
Herr, ich möchte dich von ganzem Herzen lieben	30
Herr, mein Wunsch, mein Gebet	144
Hey, das ist ein Tag	7
Hey, das ist superstark	56
Hey, du Missionar	124
Hey, hör mal zu	84
Hier ist mein Herz	126
Hier, bei uns	2
Hilfe in der Not	55
Hirte, führe mich	154
Hoffnung, Rettung, Leben	77
Ho-Ho-Hosianna	104
Hör mal auf die leise Töne	86

Hosianna, Hosianna	187
Hundert Pro	57
I Sing, You Sing	100
I stoh ganz fescht	159
I Will Sing Your Praises	22
I wott nümme säge	68
I've Got Peace Like A River	122
Ich bin ein Bibelentdecker	151
Ich bin froh	50
Ich bin glücklich	128
Ich bin nie mehr allein	49
Ich bin sicher	60
Ich danke dir Herr Jesus	198
Ich freu mich an der schönen Weihnachtszeit	193
Ich freue mich so	96
Ich geh mit Gott durch dick und dünn	71
Ich habs, ich hab Jesus entdeckt!	107
Ich leg mich hin und schlafe	204
Ich mach Boxenstopp	172
Ich preise dich am Morgen	203
Ich schau in mein Leben	97
Ich singe und springe	106
Ich stehe fest	159
Ich trau dir alles zu	33
Ich wär gern ein Löwe	184
Ich will nicht mehr sagen	68
Ich will nur ganz nah bei dir sein	140
Ich wünsch dir einen guten Morgen	202
Ich wünsche dir Gnade	209
Ich wünsche offne Augen dir	76
Ich würd gern so sein wie du	184
If You're Happy And You Know It	180

Immer hab ich dich geliebt	153
Immer hinter Jesus her	132
Immer und Immer	52
Immer und überall	36
In Gottes Haus	88
Ja heißt ja	123
Ja, heut ist voll mein Tag	103
Ja, ich weiß, dass Gott mich liebt	183
Ja, ich weiß: Gott hört Gebet	148
Jack saß in der Küche	182
Jeden Schritt, jeden Tritt	48
Jeden Tag stellt sich die Frage	127
Jeden Tag	50
Jeder Tag mit dir	108
Jesu ajali awa	11
Jesus Christus, er ist hier	11
Jesus in meinem Haus	91
Jesus In My House	91
Jesus ist der Weg	150
Jesus ist gekommen	174
Jesus ist mein bester Freund	51
Jesus liebt mich ganz gewiss	171
Jesus Loves Me! This I Know	171
Jesus, dir kann ich vertraun	141
Jesus, du bist König	13
Jesus, gib mir Mut	145
Jesus, ich komme jetzt zu dir	149
Jesus, Jesus, ich verehre dich	15
Jetzt geht's los	1
Kinder des Lichts	45
Kindermutmachlied	34

Komm mit, schlag ein	78
La la la la la	34
Lasst uns feiern und fröhlich sein	95
Lauf nicht weg und halte still	44
Leaning On The Lord's Side	186
Lieber Gott, ich danke dir	206
Lieber Vater im Himmel	207
Lord, I Lift Your Name On High	17
Mach die Augen auf	79
Manchmal würde ich's genießen	130
Mein Gott ist größer	26
Mein Vater	142
Meine Biber haben Fieber	181
Meinem Gott vertraue ich gerne	64
Mit meinem Gott kann ich über Mauern (Küllmer-Vogt)	162
Mit meinem Gott kann ich über Mauern (Roth)	175
Nein, nein, nie, nie	119
Neu, neu, neu	24
Nicht zur Rechten, nicht zur Linken	132
Nichts, nichts kann uns trennen	63
Nie geb ich auf	136
Nie, nie, nie vergess ich	79
Niemand und nichts	200
Noah	170
Nur deine Liebe	21
Nur Mut!	43
Ob ich liege oder stehe	47
Ob ich sitze oder stehe	167
Ostern! Jesus ist auferstanden	196

Perfekt gemacht	110
Ruft es laut	85
Sag dir einfach noch „danke"	28
Sag mir, wer mich immer li-liebt	158
Sag mir, wie Gott ist	54
Samuel, Samuel	163
Schau in die Bibel rein	160
Schneller, höher, weiter	131
Seht den kleinen Samuel	163
Sei mein Pilot	135
Seifenblasen	66
Shepherd Of My Soul	154
Sing für Gott allein	109
Sing mit! Lobe den Herrn!	98
Sing und spring hoch hinaus	109
Sing, Sing, Sing And Pray	97
Sitz ich oder stehe	164
Smile And Sing, Jesus Loves You	89
Soon And Very Soon	199
Sprich dich aus	147
Supermegastark	134
Tanzen, schreien, singen	183
Tapp, tapp zieh deine Spur	137
Thank You Heavenly Father	91
Unser Vater	146
Unter dem Schirm des Höchsten	59
Vater im Himmel	143

Vater, danke, dass du da bist	40
Vater, deine Liebe	22
Vater, ich danke dir	152
Vater, lass dir danke sagen	62
Verzeih mir	38
Viele Schritte, manche Wege	116
Voll im Wind	99
Volltreffer	9
Vom Anfang bis zum Ende	36
Von allen Seiten umgibst du mich	177
Von ganzem Herzen	30
Von oben, von unten	35
Von vorne nach hinten	178
Warm und hell brennen Kerzen	188
Was in deinen Kopf hineingeht	117
Weg damit	120
Weil Jesus bald Geburtstag hat	189
Weil Jesus lebt	197
Weiter als mein Denken	21
Welch ein Freund ist unser Jesus	70
Wenn die Last der Welt	139
Wenn du glücklich bist	180
Wenn einer sagt	34
Wer bittet, dem wird gegeben	152
Wer einen Mund hat	14
Wer ist ein Gott wie du	20
Wer lenkt meine Schritte	62
Wer macht aus klarem Wasser Wein	158
Wer Ohren hat zu hören	14
Who Put The Grace	158
Whose Side Are You Leaning On	186
Wie eine Brücke ist die Nacht	205

Wieder neu	118
Willst du mein Pilot sein	135
Wir fürchten uns nicht	105
Wir grüßen den, der zu uns kommt	187
Wir sind eingeladen zum Leben	80
Wir sind Kinder des Höchsten	45
Wir sind stolz auf Gott	114
Wir singen für unsern Gott	25
Wir tanzen und lachen	102
Wir wollen wieder dem Herrn	125
With Christ In My Heart	185
Wo in aller Welt gibts so was	169
You Are My Hiding Place	37